MEMORIES OF HONGKEW

爱上北外滩·关于虹口的记忆

主编：李天纲 王启元

乍浦路

CHAPOO ROAD

上海人民出版社

本书获虹口区宣传文化事业专项资金扶持

《乍浦路》编纂委员会

主　任

吴　强　郑　宏

主　编

李天纲　王启元

副主编

陆　健　李　俊

策　划

虹口区地方志办公室

虹口区档案馆

题　解

乍浦路为公共租界工部局在1864—1904年之间分段辟筑，最初即以浙江乍浦命名，南起北苏州路乍浦路桥北堍，北至原公共租界界路老靶子路（今武进路），近年在旧区改造中延伸至衡水路，一个半世纪以来道路本身面貌变化不大。本编所涉篇目内容，沿乍浦路自南而北排列，并加入与其相交的昆山路沿街建筑风物。

目录

北外滩的历史由来和文化特征

李天纲

“北外滩”这个名词是新的，大概在2000年前后才出现，误差不会超过一两年。记得是南市区政府提出“南外滩”概念，意在招商引资，改造十六铺码头地段。相应地，虹口区也有了“北外滩”的说法，也是想延伸“外滩”概念，引人注目，突破市政建设的困局。稍后杨浦区也搭上来搞了一个“东外滩”方案，不过现在应该是被“杨浦滨江”的说法覆盖了。按我的理解，现在说的“北外滩”，大概是包括了大连路以西，吴淞路以东，杨树浦路、长阳路一带的沿江区域。这块区域，历史上属于虹口、提篮桥，说大不大，说小不小，但确实是上海开埠后现代市政最早发育的老市区，次于南市、黄浦，但比静安寺、卢家湾等离岸（off shore）区域早很多。

2003年，新黄浦集团为“外滩半岛”项目召开论证会，专家有杨嘉祐、罗小未、郑时龄等，我也被邀请参加了。当时确实是我先提出来，“外滩半岛”名称不好听，因为“半岛”一词没有来历，大家不知道新黄浦集团是想以此名称来吸引香港半岛酒店投资。我贸然说，现在大家南外滩、北外滩地抢“外滩”，不如把这块外滩起源的地方命名为“元外滩”，还说了一番外滩起源于此的理由。集团的一位副总说，那我们用“外滩源”好不好？大家都说好，于是就定了。提这段往事，一方面是想澄清一下“外滩源”得名传说中的不同说法，另一方面是要回答一个问题“为什么要叫北外滩”。大家知道，“外滩”（Bund）是一块金字招牌，都想分享。不但上海人抢注“外滩”，广州也有把珠江沿岸老洋场称为“广州外滩”，宁波近年来则改造了相当于北外滩地段的“老外滩”。汉口江堤改造，开始用“外滩”，历史学家章开沅先生说不要事事都跟上海，要有自信，才改作了“江滩”。“外滩”，在19世纪是沿海、沿江通商口岸的前沿地带，在21世纪初则成为一个“再全球化”的符号，形如一条古老大陆的岸线，一字般地敞开胸怀，面向大江、大海、大洋，与世界其他文明相连接。

“北外滩”地区，历史上是上海美租界沿江地带的一部分。虹口地区自1848年划给美国侨民居住，后来成为美租界，到1899年合并到公共租界。美租界占据狭长的沿江岸线，面积广大，商业繁荣虽不及“外滩”英租界，但“北外滩”地区的港口、居住、产业、商业、娱乐业曾经远远地领先于“南外滩”的法租界，是上海最早发达的区域。美租界有两条发展路线，一条是生活路线，沿着吴淞路、乍浦路、北四川路（今四川北路）一路往北，发展商业，北苏州路、天潼路、武昌路、塘沽路、昆山路、海宁路、武进路都是它们的横马路，逐步向江湾镇方向逼近。另一条是生产路线，沿着滨江地带向东开拓。早期的码头、仓库、货栈、工厂等产业都在这里发展。这里的马路都和黄浦江平行，早期开发的有扬子江路、黄浦路、大名路（接东大名路）、长治路（接东长治路）、汉阳路（接东汉阳路）、余杭路（接东余杭路），后来往提篮桥、杨树浦方向延伸，杨树浦路、平凉路、长阳路依次就成为这一区域内的主要马路。

虹口、提篮桥、杨树浦如毛细血管状分布的马路，每条都有150年以上的历史。千万不要小看“北外滩”这一块区域的文化价值，要知道虹口是与黄浦一起从江岸开始发展的，“以港兴市”，它的市面兴起比静安寺、卢家湾、愚园路、虹桥路地区都要早得多。我一直认为，讲近代上海文化，东区比西区更早，也更重要。西区的徐家汇1847年就建设了，但它是教区型社区，是华界里的特例，风貌习俗和市区迥异，应单独处理。虹口则不同，这里自同治年间（1862—1874）以后不断发生惊天动地的大事件，堆积了无数可歌可泣的人物和故事。别的不说，我们要讲中国近代史上的“杨树浦工业奇迹”“商务印书馆事业”“全面抗战”“大上海计划”“左联文艺”等事件，讲文惠廉、林乐知、李鸿章、宋氏家族、颜惠庆兄弟、胡适之、周树人等人物，都要从虹口、“北外滩”开始。现在还活着的电影、话剧，已经快要成为“非遗”的越剧、沪剧、锡剧、淮剧、滑稽戏，都诞生在这一块市民生活土壤。如果说“海派文化”是上海的市民文化，那么虹口（北外滩）地区才是真正的发源地。

因为在复旦大学哲学学院宗教学系教课的关系，我常常带大家看上海的教堂。和一般旅游一样，“下车看庙”，宗教场所总是最能记录当地历史、最富艺术感染力的地方。2018年12月，给一群书友策划了一个上海东区教堂建筑艺术之旅，从四川路北的鸿德堂开始，走过昆山路的景灵堂、外滩源的新天安堂、江西路的圣三一堂，四川南路的圣若瑟堂。这条线路非常不错，其中的鸿德堂、景灵堂位于北外滩地区。鸿德堂的建筑风格是中华庙宇风格，背后有商务印书馆的辉煌历史；景灵堂原名“景林堂”，是纪念著名教士，也是清朝“洋务运动”推手林乐知（Young J. Allen，1836—1907）的场合。教堂周围建筑原属“中西书院”，是上海和中国最早的新式教育机构之一，后来并给了东吴大学，开办法学院，地位之重要不言而喻。更有意思的是，林乐知是宋氏三兄弟、三姐妹父亲宋耀如的长上，当初看不大上这位只懂英语、不会说国语的华籍牧师。宋耀如不得已下海做生意，多年后遂有了孙宋结合、蒋宋联姻的故事；逸闻被记在《金陵春梦》这样的小说里，但这些邻里事件就活生生地发生在景林堂，居民耳熟能详。

往东去到“北外滩”的沿江地带，我建议依次看看俄罗斯领事馆（1916 年，黄浦路 20 号），仿文艺复兴式建筑，是俄罗斯在海外最豪华的使领馆建筑，不亚于圣彼得堡的宫殿。对面的今上海证券博物馆大楼，曾为浦江饭店、上海证券交易所，原址是 1846 年开业的礼查饭店（Richard’s Hotel，1860 年改名 Astor House）。这幢仿文艺复兴式建筑落成于 1910 年，其罗马剧院式大厅可以容纳 500 人的盛宴和舞会，是远东最精美的宾馆。美国总统格兰特、哲学家罗素、科学家爱因斯坦、影星卓别林住过的房间，现在还都挂有标牌。黄浦路不长，是上海最早的领馆区，俄罗斯之外，日本领事馆（106 号，今黄浦饭店）、美国领事馆（60 号，今毁，原址建为海鸥饭店）、德国领事馆（80 号，今毁，原址建为海鸥饭店），以及奥匈帝国、丹麦、比利时、葡萄牙、西班牙、挪威等共 10 座重要国家的领事馆，这一区域高端客源是礼查饭店的支撑。

民国初的外白渡桥北堍。有尖顶的建筑即礼查饭店，左侧建筑为北苏州路 1—2 号，1930 年拆除，在原址建百老汇大厦（今上海大厦）

再往东去，因为拆去的建筑太多，文脉中断，已经不能成片地加以叙述了。不过，还有几幢保留下来的重要建筑很有意义，值得参观。位于东长治路 505 号的原雷士德工学院（1927 年），共有主体大楼等四个建筑群，占地 1 万多平方米，建筑面积 19900 平方米，1934 年落成。雷士德（Henry Lester，1840—1926）是英格兰人，是位列沙逊、哈同、嘉道理之后的大房地产商人，还是著名建筑和规划师，工部局、公董局董事。他没有子女，死后安葬在上海的英国人公墓（英国坟山，今静安公园）。他所有的财产都立为“雷士德基金会”，生前、身后建造了无数慈善项目，等于是为上海市民义务劳动了

1934 年雷士德工学院落成图

一辈子。位于“北外滩”的雷士德工学院，加上北京西路上的雷士德医学院，是英、美学术背景，办学实力一举超过德国背景的同济医工学院。1937年日军侵占提篮桥地区后，被用作宪兵司令部，雷士德工学院遭到破坏，这所臻于一流水平的大学便一蹶不振，就此消失。1945年，吴淞商船学校（今上海海事大学）在雷士德工学院大楼复校；1953年，上海海员医院搬入。因为大楼一直在使用，维护状况算不错，现在作为市级文物保护单位保下来了。我认为，上海人都应该记得这段光荣而委屈的历史，将这幢大楼作为铭记“北外滩”100年历史的博物馆，是非常合适的。

2010年4月15日去提篮桥下海庙评审《下海庙志》，看到东余杭路三层楼的街面房子还在，那是父亲从小生活的街区，看样子也是肯定要拆除的。我出生在虹口，父母结婚前分别住在提篮桥和海宁路；长大则是在吴淞镇，那时候属于杨浦区。父亲工作单位在平凉路上的纺织科学研究院，亲戚、朋友都在虹口，小时候在周末、节假日就经常回到“北外滩”地区，对这里还比较熟悉。从目前的情况来看，由于“杨浦滨江”的保护性开发，杨树浦路外侧的老工业园区保留下来不少，发电厂、自来水厂、煤气厂，都是19世纪维多利亚时代式样的红砖建筑，当年的“杨树浦工业奇迹”一目了然，也很耐看。

“北外滩”的核心地带，现在都已经改造得差不多了。1949年以后的上港三区是由历史上的黄浦（招商局）、汇山（美海军陆战队）、杨树浦（大阪）、华顺（怡和）、公平（招商局第一）等码头联合而成，在“北外

1934 年英国驻上海总领事与国民政府教育部部长王世杰（左二）参加雷士德工学院奠基典礼

雷士德工学院奠基碑

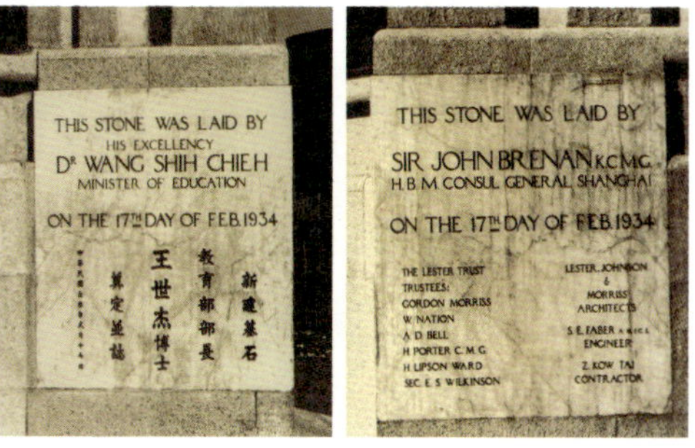

滩”的东段，岸线长1121米。“北外滩”的西段，是上港五区码头，由历史上的公平路（招商局第一）、高阳路（公和祥）、外虹桥（民生）码头组成，岸线长1113米。“北外滩”最西段的一小段270米岸线，是著名的扬子江码头，原为日商邮船株式会社所有，第二次世界大战后由招商局接收，1949年以后则由海军接管。这座码头除了有海军驱逐舰常年驻守外，只有大型国际邮轮、访沪舰船和外事礼仪船只才能停靠。由于东大名路、杨树浦路以南到黄浦江边都是封闭的港口作业区，港区内的情况市民并不了解。这里面曾经有大量大型建筑，包括仓库、货栈、机修间、写字间，它们见证过鸦片贸易、犹太难民、白银外流、日舰“出云号”等风云变幻。

提篮桥地区有保留可能的是舟山路、霍山路一带的“犹太难民纪念馆”。这里有些建筑建于19世纪末，有100多年历史，建筑艺术价值很高。20世纪30年代，这里曾作为犹太难民隔离区。犹太人的“离散”（Diaspora）经历，使得这个街区闻名全世界，也令上海在各国媒体上的美誉度极高。据我知道，“上海犹太人”曾经立意要建一个“犹太文化公园”，可能性当然不大。但是这个社区作为犹太人、上海人共同度过第二次世界大战艰辛的纪念地，大概会一直保存下去。离犹太难民纪念馆不远，长阳路147号有提篮桥监狱大楼，1903年由上海工部局建造。号称“远东第一监狱”“文明监狱”，上海人称为“西牢”，南京路会审公廨判决的案子都在这里执行。监狱刚修好，就关进了重罪轻判的“苏报案”要犯章太炎、邹容。不用多说，我们都知道这两人在中华民国史上的分量。以后的100多年，提篮桥监狱执行过无数重案，若从该监狱和上海档案馆中检出文献资料，加以整理和陈列，简直就是大半部上海史，小半部中国现代史。

在我看来，北外滩，加上杨浦滨江（东外滩）地带，是上海保存“以港兴市”历史，叙述19世纪中国早期工业化过程的最佳场所。沪西沿苏州河一带也有工业遗址，但不及黄浦江下游的沿江地带那么典型，那么突出。我们在21世纪初提出不但要保护“新天地”这样的民居文化遗产，更要保护虹口、提篮桥、杨树浦沿江的“近代工业遗产”。现在看起来，保护下来，整修翻新的建筑和地段都非常漂亮，适于生活。现在各个城市，哪怕是二、三线城市也都努力发掘自己的社区文化资源，上海这样文化遗产极其丰富的大都市，应该好好珍惜。

上海的市政建设和房产持有曾经断裂，不像巴黎、伦敦、波士顿那样有几百年的延续性，他们比较容易进行社区保护。高地价的诱惑，低居住状况的煎熬，上海一轮又一轮的拆迁、改造是必然的。但是，即使面临“留”“改”“拆”的艰难抉择，我们还是应该想方设法，尽可能多地保留和改造，而不是一拆了之。如果新建筑建造标准很高，寿命很长，若干年后成为经典，为人传诵，当然也可以成为文化。但是，老建筑已经被确定为文化，何况很多新建筑20年后破败的样子，怕是成不了文化的。我们应该把文化优先的价值观明确了，放在应有的位置。改造后，保下来的是不可复制的文化遗产；拆迁后，树起来的是异地也可以兴建的商业功能，两相权衡，孰轻孰重，自是可以判断的。

上海热心文化遗产保护的人持实际态度，大家都知道像徐汇“衡复风貌区”那样整体的社区保护在其他地区很难实现了，“北外滩”历史建筑主要是选一些标志性建筑加以保留，点缀在新建筑中间，确定坐标，唤起记忆，效果也不错。比较好的例子是虹口区政府保存了工部局宰牲场（“杀牛公司”）旧址，改建成“1933老场坊”创意园区。这个建筑规模宏大（占地1.5万平方米，建筑2.63万平方米），造型特别（四层楼房，异形通道供牲畜行走），每日可宰杀猪、牛、羊不下千头。站在这里，上海的消费能力、人口规模与卫生管理水平便可一目了然，真的和纽约、伦敦、巴黎不相上下。如果当初拆了，就无法体会到大都市市民生活的恢宏、庞杂和多样。还有，东大名路378号、旅顺路口上的上海远洋公司大楼，原是英商耶松船厂（后为上海船厂）1908年建造的办公大楼，红砖、五层，腰围设联通阳台，饰以绿色琉璃瓦，中间还有箭塔矗立，是一座难得一见的维多利亚式城堡建筑，也是“北外滩”最有特色的标志性建筑。20世纪60年代，东区、北区市民从杨树浦到外滩，坐8路（今28路）有轨电车看到这座大楼，就知道外白渡桥快到了。有一年驱车经过这里，幼年的记忆一下子就复苏了。希望这座市级文保建筑，继续为市民锚定往昔的记忆。

在上海的老建筑、老社区的保护上，我和陈丹燕、陈保平作家夫妇的观点一致，在外滩源、划船俱乐部、徐家汇源、土山湾、建业里、武康路、扬子江码头的保护和修复工程中，我们和同济大学建筑规划系教授郑时龄、阮仪三、伍江、常青、张松等建筑保护专家的观点也完全吻合。同济大学教授有的是院士，有的出任副校长、市规划局长，在古建保护上有较大的发言权。他们从技术的角度，我们从人文、历史的角度，相互补充，给区、镇、街道政府提出建议，尽力而为吧。如果把一个社区人、事、物的记忆，以影像、声音和文字的方式保存下来，则我们还可以去回顾。一座建筑的身骸终会毁去，但它的魂魄却可以被摄取下来，用作精神传统上的祭奠。

李天纲

民国初年的善导女校

栽泽如春　大公济世
——上海公济医院的名人与事

高　晞

在老上海人面前提到“大公济世”“利济大众”“心存济世”这些颂词，容易让人联想到坐落在虹口苏州路上的上海公济医院，因为它最初是由法国驻沪总领事委托天主教江南传教士筹备，建成之后由法租界公董局和工部局共同管理，原址在法租界，所以又被沪上居民称为“法国医院”，以有别于由英国伦敦会创建、英国医生为主和上海工部局管理的“仁济医院”。关于公济医院的研究已有专门的博士论文，一般介绍文字亦不少。由上海地方志办组织的《上海第一人民医院志》（1952 年公济医院更名为上海市立第一人民医院）的编纂工作也已完成，即将出版。在此，本文仅补充一些鲜为人知或不被研究者关注的历史细节。

最早的院名：“公病院”

1844 年 2 月英国伦敦会医学传教士雒颉在上海山东

路创建仁济医院，英文名为Chinese Hospital，这是一所以接收华人病人为主的慈善医院，1845年英国驻沪领事与上海道台签订《上海土地章程》，允许西人在上海租地居住与经营，越来越多的西人来到上海，20年后的上海，除了仁济医院，只有少量的技术精湛的私人医生和私人护理为在沪西人提供医疗保障，远远不能满足租界中西侨的卫生健康需求，1862年，一部分西人提议，希望在上海设立一所规模最大的医院。当时，他们已选好了地址，在城西宁波佛堂边上，建立一所包括私人门诊间、200个床位规模的普通病房、洗浴室、洗衣房、游乐场和养殖场等设施的医院，并配备10名修女为护士和护工，平均招收50位病人。预算：

草地购买 ……………………………12000两白银

铺设地面 …………………………… 3000两白银

建造200个床 ……………………… 2000两白银

家具和药品 ………………………… 5000两白银

第一年的利率 ……………………… 5000两白银

共计：27000两白银

预计第一年医院开销为18000两白银。倡议书建议以100两白银的股份筹集必要的资金，每股10%的利息，可由受托人选择赎回，以土地和建筑物作为贷款的担保。捐赠的费用用于：扩充以及改善基础设施、偿还债务、降低录取条件、免费接纳穷人。

第一批捐资者有：怡和洋行大班惠代尔（James Whittall）、美国商人、上海工部局第一届董事金能亨（Edward Cunning ham），他在1868—1870年任工部局主席、英国商人Henry Dent，1863年任工部局主席、英国商人密吉（A. Michie）、迪克斯卫（Geo. Dixwell）和施密特（Edward Schmidt）。股东花了23468.04两白银购买了宁波佛堂的土地，但是这块地离苏州河太远，最后只能以16192.75两白银价格出售。1863年，受法国驻沪领事的邀请，天主教神父杜若兰（P. Mannus Desjacoues）以代理人身份出面，筹资5万两白银，在法租界法兰西外滩（今中山东二路22号）和科尔贝尔路（Rue Colbert，今新永安路）转角处租用一幢四层楼房为院舍办院，年租金4000两白银。

1864年1月1日医院正式运行，医院的英语名称是在1862年已确定的：General Hospital in Shanghai，中文译名为上海公病院，而不是我们熟悉的公济医院。在《字林西报》的行名录上，上海公病院的拼音为：Shang-Hai Kung-ping-yuen。这可能与医院由公董局管理并提供资助有关。

医院成立董事会（Board of Trustees）实施财产保管，成员包括神父、驻沪领事、股份受托人和修女，首

上海公病院

院病公海上
Shang-Hai Kung-ping-yuen.
French Bund.
SHANGHAI GENERAL HOSPITAL.
Little, Dr. L. S., ***Physician.***
Thurburn, Alexander,
Acting Secretary.

届主席为约翰逊（F. B. Johnson）。营运行费用由教会资助外，还由法租界公董局拨款、股份募集资金和社会捐款。院务管理由 7 人组成董事会负责。这样的股东结构

上海公济医院

上海公濟醫院
Shanghai Kung Tsee E-Yuan.
French Bund.
SHANGHAI GENERAL HOSPITAL.
Little, Dr. L. S., *Physician.*
Thurburn, Alexander, *Secretary.*

苏州河上乍浦路桥远眺，图正中间建筑即为公济医院

公济医院正面

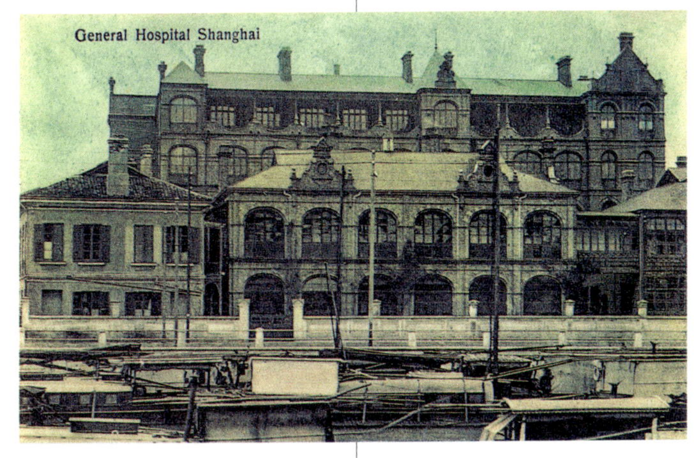

为后来民国政府接手公济医院埋下了隐患。医疗工作由董事会指派不同国籍医官担任，初是1名（后为2名）担任，称作“驻院主任”，首届医疗官为梅耶（Meyer），大部分病人约请私人开业医师来院诊治，还有一位尼森（Nissen）医师，在梅医生不在时替代他的工作。护理工作由天主教圣文生·保罗教会（St. Vincent de Paul）下属仁爱会指派6位修女负责，裘丽阿斯·伯纳德（Julius Becnard）担任董事会秘书，负责财务、护理、后勤等院务。1867年增至10位。她们除看护病人外，还管理中国工役和化验、配药等医务工作。

1875年由于地产所有人太古公司不愿续约，董事会决定迁出法租界，1875年股东会议上，决定将医院资产变卖，剩余资产转让给重组的董事会，重新选址购买新地皮造楼建院，院方在苏州河北岸虹口头坝渡（今北苏州路190号）购置荒地18亩地，作为新院址基地，1876年春天新院大楼开始建造，10月完工，1877年1月医院从外滩法租界搬出，移进新院，医院启用新名称：上海公济医院（Shanghai Kung Tsee E-Yuan）。

上海公病院前后延续近14年，1864—1877年。

不为人知的几位关键人物

一、杜若兰

公病院创建的最早执行人是天主教江南教区的杜若兰（1824—1884）神父，字玛诺。他出生于法国福西尼（Faucigny）的一个小镇，在默郎（Melan）耶稣会公学学习，1846年被派往美国，在美6年，修完神学，升为神父。1855年12月杜若兰又被派遣到中国，1856年2月9日抵达上海。此时，正值上海教区会长是梅德尔（Lemaitre）与上海道台协商收回洋泾浜地区的土地，1857年已是天主教江南代牧区账房的杜若兰从董家渡迁到洋泾浜，成了租界上的第一任本堂神父。1862—1864年，公病院创建初，是杜若兰在协调此事，之后在梅德尔与杜若兰的斡旋下，医院的实际权力一直掌握在仁爱会的修女手中。医院建成不久，杜若兰被调去浦东，1868年他又转移到佘山，并在那里造了一所小教堂。1872年杜若兰回到董家渡洋泾浜堂口，他每天去公病院，走遍每一个病房，用法语、英语和西班牙语与病人谈话，或传教或在医院为病人施洗礼，“病愈出院的人，对杜若兰神父怀念不忘，神父的名字，在租界几乎有口皆碑。”杜若兰对汉语和中国传统文化有一定研究，曾编有《法汉字典》（未完成），也编写过《江苏风俗》等作品。

二、耆紫薇·约翰逊

约翰逊（F. B. Johnson），是首任董事会主席，他在公病院的医学报告上的签名为耆紫薇·约翰逊。1850年，约翰逊到中国广州，1866年加入怡和洋行，之后长期居住在上海、香港。他在上海期间，出任上海商会主席，多次代表上海外侨就居住和土地事宜与上海道台交涉。1885年，约翰逊回英国，1886年在英国去世。

三、福弼士

1868年起，担任公病院董事会主席的是美国商人兼博物学家福弼士（Francis Blackwell Forbes，1839—

1908)。福弼士1857年来上海，在旗昌洋行金能亨创办的旗昌轮船公司工作。金能亨是公病院创始时的股东。之后，福弼士成为旗昌洋行的合伙人，他还是瑞典和挪威驻上海总领事，曾被授予瑞典皇家瓦萨骑士团的骑士指挥官称号。

除了成功的生意人和外交官，福弼士还是一位杰出的科学家，他的科学思想在上海乃至近代中国的引入有重大的影响。他是上海格致书院的创始人之一。1874年，福弼士出任英国皇家亚洲学会上海分会会长，自19世纪70年代初，他开始认真地收集中国植物，最终成为中国植物学的主要专家，他的论文发表在《英国与外国植物学杂志》上。19世纪80年代移居英国后，他在邱园(Kew Gardens)和大英博物馆内进行中国标本编目，某些中国物种最早是由福弼士整理描述，得到了卡尔·马克西莫维奇(Karl Maximovich)和费迪南·冯·希特霍芬(Ferdinand von Richthofen)等当代亚洲植物学家的大力赞扬。

除1875—1876年在欧洲待过两年，1857—1882年，福弼士一直生活在中国。在他的职业生涯中，公病院的董事会主席身份可能是不起眼的，但是他对公病院的发展却有着不小影响。公病院建院成后，一直陷于经费短缺的困境。1872年4月17日，福弼士致信上海外国居民委员会主席申请资助，他在信中写道：

> 公病院是上海唯一的一家外国社区和海上来者可以依赖的医院，以往的经验表明，在对付流行病防治方面，医院发挥了最大能量、尽到了最大的努

力。虽然，过去几年没有特别的事件发生，但为了公众的利益，它必须为流行病的重新出现做好准备，对于训练有素的护士和超额外的病人提供合适的住所也不是一下子就能找到，需要花一些时间，要居安思危。为了微不足道的节约，减少我们的工作人员，人们也许会意识到，社会将会付出了多大的代价。因此，如果市政预算允许的话，受托人向委员会请求公众的帮助来维持现有的医疗设施。

福弼士提议，若获得经费资助，医院将考虑减少政府雇员的工资，提供一定数量的付费床位，为公共的慈善机构预留 5 张免费的三等病房的床位，以帮助在沪的外国穷人。同时，福弼士又向公董局发出同样的信件，1872 年 6 月 28 日收到上海外国居民委员会主席莫雷尔的回复，同意资助 2000 两白银给公病院。虽然福弼士担任主席时间不长，但却为公病院的发展提供实实在在的帮助。

1882 年，福弼士搬到英国，继续从事商业活动，1894 年退休去了波士顿。1904 年左右，福弼士将 4000 多个标本（大部分是中国的种子植物标本）捐赠给了英国自然历史博物馆，博物馆称之为“具有特殊重要性的收藏”。马萨诸塞州历史学会（MHS）保存着有关他的植物收集活动的文件，包括 1869—1880 年的植物学笔记。与他的商业活动有关的论文，由 MHS 和哈佛商学院的贝克图书馆持有。

一般认为，公济医院的主要人员是由仁爱会的修女们，表面上让人感觉是与仁济一样的教会医院。事实上，她们只是日常工作的具体执行人，而维持医院生存和发展的核心人物还是董事会成员，以及隐藏在背后的几家大洋行，因为公济医院的服务对象是在沪外侨，所以在医疗资源的建设、配制和管理上更为专业与精致，与以慈善为主的仁济医院还是有本质差别的。

病人、疾病与病房

19 世纪的上海有一种说法，仁济医院是专门给中国人看病的医院，公济医院则是外国人医院，究竟有哪些外国人在医院看病？看些什么病？

在公济医院看病主要有三部分人组成：一是上海常住外国居民；二是在上海港进出的流动的外国人；三是常驻扎在黄浦江上英法军舰上的外国军人和水手，这部分人是医院的常客。以 1865 年医院病人为例，该年共收治病人 639 人，病人国籍如下：

英国：252 位；

法国：146 位；

德国：65 位；

美国：54 位；

斯堪的纳维亚：50 位；

属于欧洲大陆各个其他的国家：40 位；

中国、马尼拉、拉斯卡尔：32 位；

总计 639 位病人，其中 392 人是来自船上的病人。

这些数据揭示了一个有趣的现象，虽称为法国医院，但病人却是以英国人居多，可见，当时英人并不愿意去英国教会所办的慈善医院，从反面证明了仁济医院的医疗水平和医院配制不如公病院。另外，这所医院也不只收外国人，有钱的中国人照样可以去医院看病。公济医院没有固定医生，只有一两位医生，他们同时会兼任工部局医生或仁济医院医生。仁爱会是公济医院的主要责任人，医院的修女工作是护理和维持日常运作，病人看病的方式是自己请医生来公济医院看病，医院是提供私人医生问诊和病人住院的公共场所。

公病院和公济医院都是收费医院，医生的工资很高，首席医生梅耶半年的薪水达 870 两白银，医院病房按价格分为三等，一等病房 1 天 3 两白银，二等病房 2 两白银，三等病房 35 人，一天一人 1.5 美元，35 人一天共计 52.5 美元，即 39 两白银。1867 年，医院病房的入住情况是：

一等病房，46 个病人，733 天，占总住院人数的百

公济医院修女的护理工作

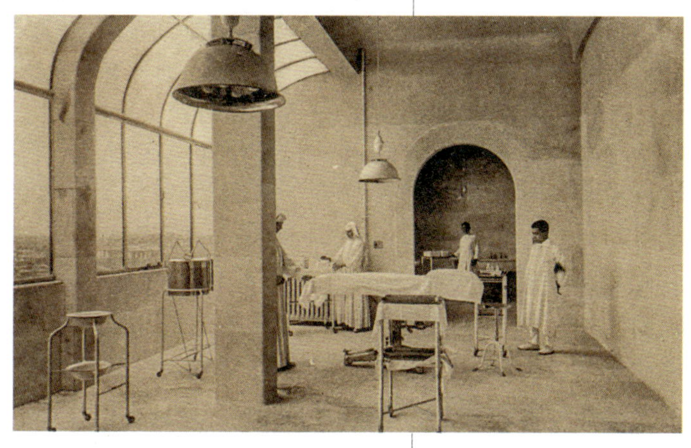

分之六；

二等病房，43个病人，989天，占总住院人数的百分之八；

三等病房，319个病人，占总住院人数的百分之八十六；

总共408个病人，12414天平均每个病人住院30.5天。

1877年医院新楼建成，有三幢大楼：病房楼4800平方米、辅助楼3412平方米、修女楼3458平方米。旗昌轮船公司捐赠一个图书馆和部分家具。公济医院真正成为上海规模最大的医院。

公济医院保留了完整的医学报告，从中可以发现公济医院的疾病救治和死亡情况，医院的死亡率并不低，1864年11.9%—22%，1865年是15.8%，1866年的死亡率是11.9%—16.4%，1867年的死亡率是5.9%，至1877年死亡率是15%。相比仁济医院，公济医院的死亡率是比较高的。这有两个原因，一是因为仁济医院的病人数比公济医院多，另外的一个重要原因，外国人在外国人的医院死亡，不会产生医疗和法律纠纷，即使有，可以由公董局和工部局审理解决，但华人在外国人医院死亡，时常会被媒体报道，成为医疗事故，所以一般西式医院的医生不太愿意接受可能发生死亡的病人。

公济医院收治病人的疾病有多种多样，有季节性流行病和传染病，热病、间歇热、天花、伤寒，也有普通内科性疾病，神经痛、脑膜炎、心脏病、皮肤病、动脉瘤、支气管炎等。发病率最高的一直是梅毒、性病和消化系统的疾病——痢疾和腹泻。传染病是死亡率比较高的疾病，每次暴发传染病，如天花和霍乱都会导致人员死亡。民国时期梅毒又称花柳病，1923年工部局在公济医院设立花柳病施诊所，是第一家专科诊所。

鲜为人知的两件事

一、公济医院的接收之争

1940年日军占领租界，公济医院设施、财产遭劫掠，医院由日本人占领，作为关押英美等国患病侨民的“病囚医院”，总计160多人。6名修女，被日军以敌国国籍为由，拘禁于霞飞路（今淮海路）某集中营。1945年8月抗战结束，医院由国民党上海市政府收归国有，成为公立社会福利机构，向国人开放，结束专为外人服务的历史。在接收过程发生还发过一系列争抢院产的事件，当时上海卫生局长俞松筠力挽狂澜，为上海市民保全了公济医院。

至抗战胜利，公济医院已有80余年的历史，但是历年来惨淡经营，经费常年由工董局和工部局提供，费用从纳税人的税捐中扣除，日军占领期间抢夺资产，医院名存实亡。1945年俞松筠抵沪出任卫生局局长，按民国政府规定接收伪产，“凡敌伪产业及曾被敌伪强占利用者均予接收。”当时就公济医院的性质，既系租界居民税捐所设立之公共医疗机构，同时也属于敌伪侵占单位，按规定由政府照章全收。俞松筠派名医朱仰高负责前往接收整理。此时的公济医院已是破败不堪，无法启用，在经费不足的情况下，卫生局重组董事会，再定财产保管章程，聘朱医生为院长，重修房屋产室，添置新型医疗设备，招聘医护人员，医院规模顿复，焕然一新，医院

流动医院内部设施

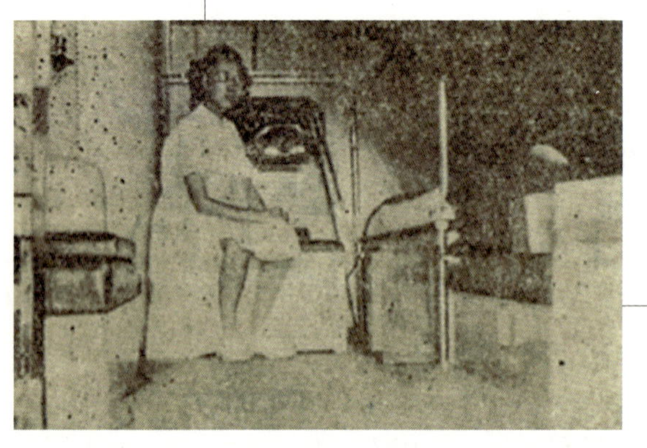

开张后，就诊病人日益增多，声誉鹊起。就在医院开张不久，就有不少不同国籍的洋人来到卫生局或是医院门口，提出医院原为工部局所设，是外人之私人产，想要索还，甚至驻沪的英国领事也掺和进来，发表片面之词，涅报俞松筠滥行接收，甚至市政府中也有其位高官随声附和，强调公济医院可以转送英国人，并认为这是小事一桩，与国家主权无关紧要，不必去争。俞松筠坚持不退让，认为租界条规早已失效，医院又被曾日军侵占，等同敌产，收回后理当属于公产，若私相授"非法理所许，亦与国体不合"，他认为此事绝不可让。是非曲直，各执己见，闹得满城风雨。此时正值上海市政府改组，吴国桢出任上海市市长，他毅然赞成俞松筠的做法，拒绝转让，坚持让朱院长主持院务。公济医院由为少数外国人服务的私立医院，回归政府，成为全市公共福利事业。俞松筠在上海市卫生局局长任内，统一办理上海市立医院普设免费病房，为贫民提供免费医疗服务。

二、社会服务与乡村卫生建设

乡村卫生建设运动是1929年开始在上海发起的卫生运动，旨在改善中国农村卫生健康状况，但这项工作主要由国人开办的医院和医学校的推进，北京则以协和医学院为主在定县设立卫生示范区，在农村开展公共卫生教育和预防卫生活动。公济医院属于服务于外人的私人医疗机构，社会服务都流于形式。1945年被上海市政府收回之后，开始承担社会卫生保健之责任，并将社会服务列入医院工作，1848年创办汽车流动医院，每周一次巡回农村施诊给药。先后到宝山、大场、闵行、虹桥、浦东、松江等地；最远到达苏州、海宁、杭州、南京等地，一年就诊病人万余人。

同年公济医院在制定三年计划时，列出“社会服务

流动医院外貌

与乡村卫生建设”方案，具体如下：

（一）清苦病人之救济

1. 拟筹划固定之基金增添全免及半免之四等病床50—100只。

2. 公教人员，生活清苦，常无力负担医药费用，拟另行制定办法与该管机构约定优待办法。

3. 中小学生，正当体格发育时期，如健康无所保障，则将影响其终身，亦乃民族严重之危机，故对彼等之诊察，酌量采用义务方式。

（二）普遍推进病家访问（略）

（三）协助防疫（略）

（四）推行乡村卫生

1. 医疗：就本院原有之流动医院，再事扩充，加强内部设备并于经济可能范围内，另创水上流动医院，使施诊区域扩大，深入民间，以吾人之能力所及，为农民解除疾苦。

2. 宣传：吾国大部同胞为农民，而乡村贫瘠，生活凋敝，根本无所谓医疗设备，加诸农民知识水准低，于此科学昌明之今日，仍尚鬼神之谈，醉心巫觋之术，对于现代医学，毫无正当认识及信仰，故欲推动乡村卫生工作，宣传乃主要项目之一，对乡村言可使农民了解新医学之效能，城市方面，则可引起同道对农村卫生之关切。

3. 公共卫生问题：本院自与乡村接触以来，认为乡间之公共卫生问题，颇为严重，可能时将延聘专家，就下列几点加以研究，设法改进：

—厕所之建造及粪便之堆积。

—垃圾之运输。

—沟渠之引流及水源之检查。

—灭除蚊蝇。

—防疫及一般传染病之管理。

—指出并介绍营养丰富而价廉之各种食物。

—督导农民养成卫生习惯。

公济医院为乡村卫生建设运动而设计的流动医院，在当时的上海郊区成为一道流动的风景线，标志着公济医院华丽转身成为一所为公众、为中国农民服务的现代化新型医院。1948 年，在公济医院庆贺收回 3 周年院庆之际，陶西圣在《中央日报》撰文庆贺介绍公济医院的历史与成就，专门介绍了“流动医院”，而市长吴国桢则题词“栽泽如春”，为公济医院庆贺，陈方之则题为：“为国家增光荣、为市民造福利。”

公病院、公济医院都是围绕着“公”字展开，但其早期 80 年的历史却是一个仅为少数人服务的私立医院，至 1945 年公济医院成为上海市立医院，才真正名副其实。

上海美专

张曦文

20世纪初的中国，随着新文化运动不断发展，新一代青年接受了新式教育所带来的知识和观念，中国近现代艺术自此启蒙。上海因其“远东第一大城市”的特殊地位，很自然地成为西方艺术在中国传播的中心。当时虹口之轴与卢湾之弧遥相呼应，共同孕育了海派文化中的美术教育。私立上海美专作为刘海粟创办的上海第一所美术学校，在海派艺术的形成以及近现代高等美术教育史中的地位无可比拟，被誉为“新兴艺术的策源地”。当代画家陈丹青在《退步集》中评价：“当年上海美专师生两代的资质，其实蕴蓄牵连着民国沪上的教育水准及人文余脉。”①

美术教育不仅需要创办者的努力推动，亦仰赖政府的支持。民国政府层面主要以著名教育家蔡元培的贡献最为突出。他在上海美专的教学实践中践行着自己的美育思想，强调了“美育”为国民教育的五项宗旨之一，并提出了更加全面的规划蓝图，将美育列入教育方针。即便如此，当时的社会观念还是“对艺术十二分看不起”②。面对着种种不利因素，上海美专的前身——上海图画美术院诞生了，创办者抱着“知其不可为而为之的

① 陈丹青：《向上海美专致》，《退步集》，广西师范大学出版社2005年版。

② 《上海美专高师第一届毕业生纪念册》，上海泰东书局1924年版。

态度，振作着坚强不屈的精神去做”[①]，但其创立之初的境遇，比预期中显得更为艰难。

1912 年冬天，年仅 17 岁的刘海粟带领乌始光、汪亚尘、丁悚等年轻人将校址选定在上海美租界乍浦路 8 号洋房。现如今早已无迹可寻，但是我们能从最早创办上海美专的合伙人之一——汪亚尘《四十自述》的描述中去追溯那日的光景：“我会见刘季芳那一天中午，始光请客，邀季芳和我三个人便到乍浦路日本人开的西洋料理店——宝亭——午餐。正在进餐，从窗门中望出去看见对过墙上有一张召租字条，那幢半中半西式的屋子又紧闭着，知道是出租，餐后打听房价不贵，就由始光去赁定那间屋子，试办学校的起点，也就在那个场所。”[②]乍浦路当时属于美租界，相比起苏州河对岸英法租界的车水马龙，这里人迹稀疏。学校创立之初，教学条件也相当简陋，“半身石膏模型一具都无，惟赖北京路旧书摊中插图为范”[③]，19 岁的徐悲鸿入学后不久就逃离该院[④]。学校基础尚未稳固，生源也少得可怜，首届招生正科和选科各一班共十人[⑤]。刘海粟在多年后回忆那段时光，草创时的冷清仍历历在目：“当此创立时代，每年来学者至多十五六人，少只三四人，可谓冷清之极。”[⑥]

---

① 袁志煌、陈祖恩编：《刘海粟年谱》，上海人民出版社 1992 年版。

② 汪亚尘：《四十自述》，《汪亚尘艺术文集》，上海书画出版社 1990 年版。

③ 王震编：《徐悲鸿年谱长编》，上海画报出版社 2006 年版。

④ 徐悲鸿的短暂入学，使得“徐悲鸿是不是刘海粟的学生”的争论成为日后二人之间恩怨斗争的始因。

⑤ 王震编：《徐悲鸿年谱长编》，上海画报出版社 2006 年版。

⑥ 刘海粟：《上海美专十年回顾》，原载《中日美术》第 1 卷第 3 号，1922 年 7 月 20 日。

为了求得生存和发展，半年后，学校迁至美租界爱而近路6号洋房。而这只是上海美专多次搬迁过程的开始，仅仅过了3个月，便迁移至北四川路横浜桥南全福里7号，1914年7月又迁至海宁路10号三层楼洋房内。虽然当时留日归国画家多在虹口聚集，但英法租界内的“南区”明显更适合学校发展，因此校址移动的整体趋势步步向南。又过了半年，学校“由海宁路迁至上海西门外白云观左近”的江苏省教育会旁，校名也改为“上海图画美术学院”。跨过苏州河，进入英法租界之后，报名人气明显升温，原有校舍“势不能容”，遂又迁入了斜对过的南洋女子师范原址。6年时间，8次改换校址，最后上海图画美术学院终于1917年在白云观左近的新校址稳定下来，并于次年改名为“上海图画美术学校”。为使私立学校能够站稳脚跟，当时还了聘请蔡元培、梁启超、王一亭、黄炎培、沈恩孚等教育精英以及社会名流担任校董。此后学校开枝散叶，自1919年开始招收女生之后，还创办了上海女子美术学校。

1921年7月1日起，上海图画美术学院改正名称为上海美术专门学校。此次校名的重大改变，证明学校发展的方向已经与前期有所不同。学校目标从商业美术过渡到审美艺术，课程改革遂提上日程，从刚刚成立时的“各种西法图画及西法摄影、照相、铜版等美术，并附属英文课教法”①，慢慢转移至重点关注西方绘画中的色彩、透视、构图、艺用人体解剖、写生、素描等方面。课程依照西方美术教学体系而不断完善，教育理念自然也是

① 见1913年1月27日以来《申报》连续刊登的广告。

以西方绘画艺术为主导。与传统的中国画法不同，西方绘画对写生十分重视，当时的“洋画家”以外出写生、画肖像画和裸体画为特征，裸体画即为人体写生，因此教学中养成了外出写生并举办展览的惯例。但按照西方的思路办中国的艺术学校，势必会导致与中国传统绘画艺术的冲突，特别是“人体写生”也逐渐被纳入学习的范围并且画作还进行公众展出时，这种植根于传统价值观念深处的东西方矛盾终于被激发了。

上海美专首次尝试人体写生始于1914年，当时仅限于雇用男童做全裸模特儿，但“一般学生看见那孩子有些厌烦了，所以又设法去招壮年人”①，后改用成年男性。美专在展览会上陈列裸体画时，一场争论已然在开始酝酿，刘海粟也被指为“艺术叛徒”②。但社会上对此反应并不激烈，直到1920年，上海美专对于艺术的审美和追求逐步提升，开始放开手脚雇用外国女子作为模特儿，后转变为中国女性，矛盾瞬间被放大。人体写生即使在今日仍有人认为是伤风败俗的行为，更何况在传统束缚下的当时，社会更是将其视为大逆不道的行为。被保守势力称作“淫画”的人体写生，触动了腐朽势力顽固保守的神经，不可避免引起了一场旷日持久的争论。保守派以当时闸北市市议员姜怀素在上海县公报以及《申报》上请禁模特儿为代表，猛烈地批判了使用裸体模特儿这一教学行为，矛头直指刘海粟及其所创办的上海美专：

① 袁志煌、陈祖恩编：《刘海粟年谱》，上海人民出版社1992年版。

② 此事发生于1915年，学校在展览会上展出了学生的人体写生。

1920年上海美术专门学校校址

美专画室

美专浙绍公所永锡堂校址

> 如上海美术专门学校竟列为专科，利诱少女，以人体为诸生范本，无耻妇女迫于生计，贪三四十元之月进，当众裸体横陈，斜倚曲尽姿态，此境此情，不堪设想，怀素耳闻目见，正深骇怪不知作俑何人，造恶无量，乃见本年九月八日时事新报教育栏载上海美术专门学校校长刘海粟为模特儿事，致省教育会，巧言惑听，大放厥词，自承为首置模特儿之人，原函辩白，大致谓模特儿之为物，盖欲审查人体之构造，生动之历程，精神之体相，胥于焉借镜云云，窃以美术范围其广，何必专重裸体，更何必以妙年之少女为模特儿……

针对铺天盖地的反对言论，艺术家们对此积极论争，丁悚有《说人体写生》，唐隽有《裸体艺术与道德问题》①。刘海粟作为事件旋涡中心的人物，从江西警厅、江苏省教育会、闸北市议员姜怀素到上海总商会会长朱葆三以至上海县长危道丰、五省联军总司令孙传芳，面对错综复杂的各方势力，他毫不畏惧威权，一一驳斥，其中最出名的就是与孙传芳的笔墨官司。在经历了东西方文化碰撞下产生的这样一场艺术与道德、真理与保守的论辩后，结局虽以刘海粟妥协告终，但他所表现出的不屈不挠地维护美术真理与尊严的决心，使得原本并不受大众关注的美专，一度成为街谈巷议的热点，轰动了各界，客观上为上海美专做了巨大的宣传。这所最初诞生

① 殷双喜：《20世纪中国美术批评文选》，河北美术出版社2017年版。

于乍浦路上“半中半西”洋房的美术学校，通过自身在校名、校址、校舍、学制、课程、师生群体等方面的不断调适，同时积极吸纳各界社会名流的力量，筹建校董会，参与社会活动，逐渐取得官方和民间的双重认可。

此后学校不断发展，添建新舍。1926 年 2 月 19 日，上海美专在法租界菜市路新建校舍，举行落成典礼，这三幢红砖红窗的联排式建筑完好保存至今。

就在“人体写生”风波几个月之后，美专学生与教师王济远之间的争端引发学潮，刘海粟采取粗暴和独裁的镇压方式导致了学潮持续时间较长，几乎将私立上海美专拖垮。蔡元培此时亲自出面与学生沟通，全力帮助刘海粟，学校于一年后恢复正常教学。1930 年最后定名“上海美术专科学校”，在蔡元培的运作下，学校历经 24 年，立案终于在 1935 年得到官方准许。但这场发生于 20 年代的学潮给了圈内竞争者机会，加之 30 年代战争爆发，人们投入到抗战之中，上海美专再不复昔日辉煌。

无可置疑的是，在近代美术教育的发展过程中，私立上海美专是这一时期最为闪耀的美术学校和社群。现代著名散文家、剧作家柯灵曾在《刘海粟百岁画集》序言中谈及五四运动为中国带来的改变时说：“治白话文学史，不能无胡适、陈独秀；治新文学史，不能无鲁迅；治新电影史，不能无夏衍；治新美术史，不能无刘海粟。”① 将刘海粟与胡适、陈独秀、鲁迅、夏衍并提，可见在中国近现代美术史中，刘海粟是个不得不提的人物。刘海粟创立了上海美专，而上海美专则成就了刘海粟。

① 柯灵：《〈刘海粟百岁画集〉序言》，《艺苑》美术版 1994 年第 3 期。

当时上海知名的画家，无论国画界耆老或西画界新秀，都曾在美专任教或兼职，如张聿光、丁悚、丰子恺等，为中国近现代美术教育事业孕育了大批人才。其中诞生了20世纪中国举足轻重的艺术家，如潘玉良、吴大羽、周碧初、王远勃、张充仁、黄宾虹、吕澂、潘天寿、傅雷、程十发、贺天健等名家大师，他们互相结社、出版刊物、举办展览的种种社会实践，丰富了上海的都市文化，促使上海的公共美术领域以及艺术成就走在了时代的前列。被誉为艺术教育界“黄埔军校”的上海美专，其本身的发展史更是在中国近现代美术史中写下民国影像中浓墨重彩的一笔。

参考文献

1. 张娟:《西画与城观：上海美专研究（1927—1937）》，香港中文大学硕士论文，2013年。
2. 郑洁:《美术学校与海上摩登艺术世界：上海美专（1913—1937）》，孔达译，上海书店出版社2017年版。

联合西服号里的赤胆忠魂

——乍浦路123号忆往

何成钢

张经理

张困斋又名人杰，自号昆者。浙江镇海人。在少年时代，就受到革命教育。1937年10月17日参加中国共产党。

1945年8月，抗日战争胜利，地下党为里应外合迎接新四军解放上海作准备。当时，中共上海市委要在上海设立秘密机关和联络点，张困斋就专门操办此事。张承宗一行从华中局回来，其中有几位西装裁缝，于是他们合计在乍浦路123号开设一家“联合西服号”。

联合西服号在乍浦路123号，位于安定里弄口南侧的第二家。整幢建筑呈南北走向，与弄内里弄建筑适成直角，共6个门号，联合西服号居中，占一个门号，南北两侧分别为美泰印务局和某实业工厂，各占两个门号。

与联合西服号同时段开设的上海地下党联络点，还有福煦路（今延安中路）916号的“丰记米号”。据档案显示，米号为合伙制形式，经理张困斋，业主或股东为张困斋（住址杨树浦路575号）、张履斋（住址杨树浦路575号）、吴仁辅（住址杨树浦路575号）、范明记（住址杨树浦路575号）。可见，张困斋搬到乍浦路123号之前，应该居住在杨树浦路525号。

其实，杨树浦路525号位于杨浦区八棣头，一楼为另一个地下党联络点“品方食品店”，二楼是地下党上海局副书记刘长胜的家，三楼是地下党上海市委书记张承宗的家。档案上的张履斋即张承宗，是张困斋的亲哥哥。吴仁辅是吴学谦，在20世纪80年代先后担任中华人民共和国外交部部长、国务院副总理。另一个范明记也是地下党员。

不久，刘长胜、张承宗两家搬至庙弄东侧的愚园路81号。刘长胜一家住二楼，张承宗一家住三楼。吴学谦则在闸北光复路441号开了一家益丰米行，这里是张困斋经理的丰记米号的货源渠道。所以，吴学谦去丰记米号的次数最多，大约每周要去3次。刘长胜、张承宗、浦作、李琦涛等也常去那里联络。

张困斋的家则搬到了乍浦路123号，兼作市委的警察委员会书记邵健、副书记刘峰、委员姜敏等同志的专设联络点掩护。铺面为联合西服号的柜台和工场，二楼临街的前楼是张困斋的卧房，后楼住着母亲张老太太，一楼半的亭子间是弟弟张邦本的居室。

张困斋父亲张昌龄是德兴钱庄经理。张困斋从4岁开始随父从镇海老家到上海。除杨树浦路、乍浦路外，不同年头还先后在上海多处居住过。1916年住爱尔近路

（安庆路）勤安坊，1921 年住温州路耕畴里，1941 年住望志路（兴业路）天一坊。

张困斋住爱尔近路（安庆路）勤安坊时，曾就读于市北中学附属小学。1925 年 5 月 30 日，学校下午没有课，张困斋与张承宗到南京路逛马路，亲眼目睹了震惊中外的五卅惨案，张困斋兄弟俩，顿时热血沸腾，义愤填膺。从此，他俩从较宽裕的家庭生活和安宁的读书声中被撼醒，受到了深刻的反帝爱国主义的教育，走上了革命的道路。

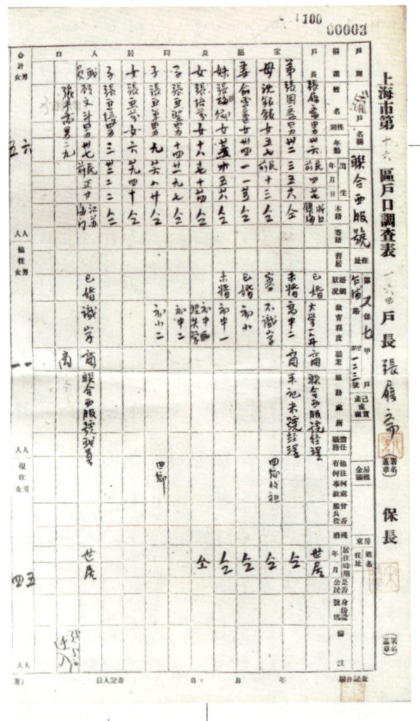
上海市第十六區戶口調查表

戶長 張困斋

保長

《上海市第十六区户口调查表》中关于张困斋的户籍信息（虹口区档案馆藏）

行动者

作为上海市银钱业业余联谊会（简称银联）发起人之一，张困斋在银联创建和早期组织发展中，展现出卓越的组织能力。那时，张困斋不辞艰辛地一家银行一家钱庄跑，去找不相识的人谈话，在谈话中不断提高群众的政治水准，使他们感觉到搞团体工作意义重大。张困斋这种坚忍不拔的作风，有人曾讥笑着叫他“疯子”，其实这世界正是由疯子和傻子创造的。

张困斋自20世纪二三十年代踏入社会，在上海辛泰银行就业以后，一直保持阅读习惯。他不仅自己发愤苦读，还鞭策别人认真读书。有一次，他借肖洛霍夫《静静的顿河》给同事并限期，要求他10天之内还，张困斋说：“不是‘限期’，而是推动读书的斯达哈诺夫运动。”那时有些书不能公开买到，尤其是党内文献读物，张困斋便整本地抄，与这些书籍朝夕相处，潜移默化，在心坎里开花结果，成为促使他踏上革命道路的强劲动力。他在中小银行、钱庄征集会员中，非常善于针对不同人的特点做工作。爱好读书的就介绍进步书籍，爱好歌咏的就一齐学唱进步歌曲，爱好看戏的就介绍进步影剧，爱好体育活动的就一起打球运动，生活困难的就根据切身体会启发阶级觉悟。经努力，银联队伍越来越壮大，从早期职救会、读书会二三十人，到银联初创会员一跃为500人，到1939年更发展到7000多人。

银联老资格创会理事梁廷锦的进步与张困斋帮助密

不可分。当时梁廷锦已从大陆银行的单身宿舍住进重庆南路蒲柏坊143号的一间前楼，成了家。下班后，张困斋常从河南路泗泾路口的辛泰银行赶来他住所前，在窗下叫一声，两个人并肩在附近较清静的南昌路、思南路、香山路一带，或是漫步在附近复兴公园的僻静处，在梧桐簇拥的马路上，边走边谈。

1937年冬天的一个夜晚，张困斋约梁廷锦到他辛泰银行单身宿舍里，领着梁廷锦面对墙上临时张贴的鲜红的党旗，举行了庄严而简朴的入党宣誓。张困斋既是他的入党介绍人，又是入党宣誓的监誓人。在张困斋耐心细致和有针对性的教育和培养下，叶景灏加入了共产党，后成为徐雪寒地下通汇线所属中信商业银行副经理。叶景灏入党后，张困斋又同他去发展何广仁入党，以后张困斋和何广仁又发展了顾洛毅入党。张困斋先后介绍了梁廷锦、戴湘生、舒自清、叶景灏、何广仁、顾洛毅、袁绮祥、夏寿祺等同志加入了党的组织。

银联党团组织就这样像滚雪球一样扩展，1939年后金融业党员有百人左右，党组织迅速壮大。

黎明前

秦鸿钧，中共上海市委秘密电台报务员，负责与中共中央进行无线电联络。电台位于打浦桥新新街315号，现在的瑞金二路409弄。

张困斋是秦鸿钧的领导，他负责向秦鸿钧输送发报的内容。秦鸿钧曾经受刘长胜和张承宗直接领导，后因他们工作太忙，交由张困斋领导。秦鸿钧收到上级的电讯，可以通过丰记米号经理张困斋交给他的兄长张承宗。

丰记米号的对面是亚尔培路，现在的陕西南路2号，原为国民党第26军的驻地，后该军派往东北打仗，由国民党党员通信局（中统）迁入，中统的一项非常重要的任务就是抓中共情报人员。张困斋说："我们就是要在敌人鼻子底下开店。"

吴学谦在《上海不解放我不结婚——怀念张困斋烈士》中回忆，每次同他见面，话虽然不多，但看得出他是在极其负责地进行这项平凡而艰难的秘密交通联络工作。他有时也讲几句富有幽默感的话，但涉及个人问题时则很严肃。有一次，吴学谦曾问他为什么不结婚，他笑而不答。后来从承宗那里知道，他立志不到上海解放时决不结婚。很遗憾的是，他未能亲眼见证上海解放。

送货师傅刘志荣回忆："米店左右是一家文具店和一家酱园店。两家店老板那时对国民党还抱有幻想，张困斋常以日常所见的事实来揭露国民党的欺骗手段。后来又证明了他说的都是对的，那两位老板对他很佩服。"据说，他们参加了上海解放后的三烈士追悼会，左邻毛春塘笔墨庄老板，右邻豫源酱园店经理，他俩逢人便说："丰记米号的张困斋经理是好人啊！原来是共产党员！"

根据叶景灏回忆，1946年年底，张困斋当时开设了丰记米号，常来他工作的中信银行，并开设了往来账户。张困斋每天上午去福州路青莲阁茶馆内的粮食市场，调查上海市粮食的消费情况、来源地区、品种数量，目的是为上海解放后粮食供应做好准备。上海解放后，中共在短时间内稳定了上海经济，很大程度得益于这些经济调查报告。

1949 年 3 月 17 日，秦鸿钧电台被发现了。根据韩惠如回忆："一九四九年三月十七日深夜，鸿钧正在阁楼上紧张地工作，我在二楼为他放哨，忽然听到急促的打门声，我立刻按照约好的记号敲他阁楼的地板，他立刻向对方电台发出信号，拆掉机器，毁掉文件。面对拿枪的敌人，他毫无畏惧，被带上装满伪警察的卡车。我们一起被捕了。"

1949 年 5 月 7 日，在经历了长时间残酷的重刑后，张困斋、秦鸿钧等在浦东戚家庙英勇就义。临刑前勇士们高呼口号，高唱国际歌，这时人民解放军的隆隆炮声已逼近上海，敌人将烈士遗体推入壕内草草掩埋。

仅仅 18 天之后，上海解放了。张困斋却倒在了黎明前的血泊之中，享年 35 岁。

六三亭与六三园

陈祖恩

长崎人白石六三郎创设的六三亭与六三园，堪称旧虹口的名所。

白石六三郎（1868—1934），旧姓武藤，1868年出生于日本长崎市银屋町，青年时曾在上海至香港航线上的外国轮船上洗碗。1898年在虹口文监师路（又称蓬路，日本人称文路，今塘沽路）菜市场一角开设一家以供应日式拉面为主体的小饮食店，名为“六三庵”，由于经营有方，获利颇丰。1900年，在文路26号，开设日本料理店“六三亭”，以“室内净洁雅丽、风味高尚清鲜”吸引客人，为当时上海唯一的日本割烹店，后移至文路246号（今346号），成为上海著名的高级日本料亭，也是日本政要和日侨上层人物接待贵宾的重要宴会定点。

1912年4月4日和4月6日，孙中山来上海时，日本总领事有吉明及宫崎滔天等人分别在六三亭为其举行隆重的欢迎会。1922年7月，孙中山经历南方军阀的叛变从广州脱险抵达上海后，日本总领事船津辰一郎也在六三亭设宴为孙中山洗尘。

1928年，上海日本总领事矢田七太郎在六三亭宴请北伐军总司令蒋介石，有身着艳丽和服的日本艺妓相陪。

《良友》画报刊登“蒋总司令”与日本艺妓在一起的照片。这些照片由吉阪照相馆派人拍摄。该馆位于乍浦路37号，1903年（明治36年）开业，由长崎人吉坂甚太郎创办。

上海的文人也常去六三亭品尝日本料理。在包天笑的纪实小说中，六三亭有日本服务员亲自当炉，日本的“下女”。

1934年12月1日，日侨上层人物为感谢南京旅行时受到外交部要人的招待，在六三亭招待南京政府要人，出席者有上海市市长吴铁城、外交部常务次长唐有壬以及国际司长、总务司长等，席间“由多数妓女，伺酒舞蹈”。

当时上海有中国、西洋、日本等不同料理的饭店，就菜肴价格而言，日本的价格最高，西洋第二，中国最低。但是就口味来说，“最美洁，即眼睛的烹调，为日本餐。最香，即鼻的烹调，为洋餐。最鲜，即口腹的烹调，为中国餐”。而六三亭是所谓“眼睛的烹调”的典型代表。内山完造先生对此曾有生动的介绍：“到了电灯耀目的宫殿般的屋口，被穿得极漂亮的衣服的侍女引导了上去，说着极敬重的问候语，领至二楼的客室内，金唐纸的金屏风，铺着新席的大广间。仰望时，萨摩杉的四方形的天花板，楹上的巨额，是贯名海屋氏的真迹。床之间里所悬的悬轴为竹田的山水，青瓷的香炉中轻绕名香，古铜的花瓶内插着一枝寒椿。摆好了的坐垫，一触到我们的手足，是清脆的八反织。桐胴的手炉，镀银的茶桌上面，放着九谷烧的茶具，漆金的膳碗，有田及清水烧的盘子里装着红鬣鱼和白鲟鱼。呜呼，何其美乎！诚哉，所谓眼睛的烹调也，是彻头彻尾的美洁的烹调呀，这实在是日本饭店不可不日夜精益求精的地方了。”

日本的高级“料亭”，设有雅室，不仅菜肴精美，环境也非常隐秘，是政治要人和经济界精英聚会的场所。“料亭”一般都有艺妓作陪，由于日本艺妓职业的最基本素养是紧闭自己的嘴，不会泄露任何客人的谈话内容，因此，虽有艺妓在旁，“料亭”仍能给客人提供绝对的隐私。虽然日本总领事曾限定上海每家料亭的艺妓数量不得超过 20 人，但作为上海日本料亭的头牌，六三亭最盛时，竟拥有艺妓 60 多人，使日本总领事的禁令成为一纸空文。

六三亭艺妓不仅在店里为客人服务，也经常应邀外出参加活动。如 1924 年 4 月，日文《上海日报》社首次在日本人俱乐部试用无线电话，播放了六三亭艺伎演出的音乐。1930 年 11 月，三井银行上海支店长土屋计左右离任回国，在日本人俱乐部举行盛大答谢会，邀请上海各界名流和好友 300 多人参加。席间艺妓歌舞以侑觞，“首为长呗劝进帐，为六三亭艺妓所奏。妓凡十人，前后二列分坐，操缦者二人，琴似忽雷，不以指弹，替以牙琵，批把成声。击小鼓者三人，男一奏笛以和之，声调和静。盖唐时传自吾国者。次为舞踊玉川，亦为六三亭艺妓所演，亦十人，三人鼓琴，四人舞踊。惟琴者不歌，歌者不舞，舞者亦不歌。舞娘翩跹，轻如集羽，宛如龙游。有吾国之古风焉。嗣舞者增为六人，各执色绢一幅。旋转翻飞，五彩炫目，如龙翔凤翥，霞燦锦新，大可观也。”

由于上海的日侨中以长崎人为多，六三亭创设者白石六三郎也来自长崎，日本艺妓亦主要来自长崎地区，说着纯粹的长崎话。其他地方来的人，为了能进入上海艺妓圈，也不得不拼命地学习长崎话。

作为日本式庭园的“六三园”，是白石六三郎于1908年在虹口公园一侧设立的，土地6000坪。原址在今西路江湾230号。

六三园简洁明朗，体现出日本式园林布局匀称、淡雅的特色。木造的二层楼日本式建筑，是六三亭分店，园内有一块面积6亩的草坪，供春秋季节的集会和赏花活动。园内还设有茶屋、凉亭、葡萄园、荷花池、煤油路灯，并种植很多松、梅、竹等被视为吉祥的植物。

六三园建成后，向日侨免费开放，并成为最令他们思乡的地方。特别是在樱花开放的季节，六三园里挤满了观赏樱花的日本人，日本的导游书称，六三园的夜樱是上海的名物之一。

六三园里清雅的泉石、四时的百花，及各种禽鸟的和鸣，吸引了不少中日文人墨客，使之成为中日文化交流的重要场所。郑逸梅在《觉园与六三园》中写道：

> 鹿叟（六三郎）很风雅，喜交纳我华名士。有一次，邀请曾农髯、钱瘦铁、王西神、刘亚文、杨树庄、汪英宾、徐秋生作宴饮。西神撰《鹿园歌舞记》，略述其胜，如云：“小山之麓，流泉绕之，铮铮作琴筑声。一溪碎玉，静引禅心，池中铺以白石，清澈见底。”那天的歌舞亦极一时之盛。西神文又云：“主人布席于广场之上，芳草舒茵，飞花扑鬓，所制西点极精，诸歌女持杯劝进，酒三巡而歌舞作。

歌者十一人，六人高坐，五人趺坐其下，高坐者操弦索，趺坐者击鼓。左右两端，则一人槌大鼓，一人吹玉笛，疾徐中节，全队咸按拍而歌。歌声甫起，即有舞女二人，飞入场中，反腰贴地，软体婆娑，翩若风翔，焕如霞举，观者咸飘飘然作凌云想。”

中国近现代书画篆刻大师吴昌硕之所以在日本有很大的影响，其大量作品远播日本，与六三园有密切的关系。白石六三郎与吴昌硕交情很深，经常邀请他来六三园赴宴，将他的作品介绍给来沪的日本书画家。1914 年，上海书画协会成立，吴昌硕任会长。10 月 25 日，白石六三郎在六三园为吴昌硕举行个人书画展，这是中国书画最早的公开展览活动。吴昌硕曾应白石六三郎的邀请撰《六三园记》，勒石园中。后来，白石六三郎又自龙华移来老梅一株植于六三园中，吴昌硕也赋诗记之。第二年春天，梅花盛开，白石六三郎又邀吴昌硕在梅树下饮酒。吴昌硕还应白石六三郎之意，作水墨画《崩流激石图》，还作有诗集《六三园宴集》。

1926 年 3 月，王一亭、钱瘦铁、刘海粟与日本画家桥本关雪、石井林响、小杉未醒、森田恒友、小川芋钱等人，成立以古画研究与鉴赏为目的的解衣社，该社活动的主要地点也是在六三园。桥本关雪与中国画家“颇多交结，尝于海上六三园作文酒之宴，对客挥毫，随绘随题，即以赠人，无吝色。”桥本关雪在六三园内经常题诗，如《幽石丛兰图》：“淅淅风声极易秋，幽人眠起欲添裘。摊书不用借灯火，月上芦花雪一楼。”《寒芦秋雁图》：“小阁依稀似短舠，芦花如雪拂征袍。去年犹记瞿塘峡，风卷秋涛一丈高。”

鲁迅曾邀请郁达夫等人到六三园中观赏过樱花，也应邀在那里参加过日本友人的宴请。1935 年 10 月 21 日，鲁迅应日本《朝日新闻》上海支社社长邀请，去六三园赴宴。在座的有庆应大学教授野口米次郎和内山书店主人内山完造。同日，还在园内与日本友人合影。

塘沽路上的六三亭建筑尚存，现为民居，十几家杂居。西江湾路上的六三园则毁于战火，现为部队用地。

丁玲在虹口

张一帆

1933 年 1 月底，丁玲和丈夫冯达搬入公共租界虹口昆山花园路 7 号，一幢三楼带部分四楼联结式的红砖洋房。她和冯达住在四楼一间 18 平方米的房间，这里也成为共产党的秘密联络点。那时的她当然无从设想，这个房间，以及身边的这个人，会决定她人生至关重要的转折，以致直到几十年后，她仍然不得不一次次苦苦辩解，回应来自敌人，却更主要是来自同志的质难。

一

此时来到虹口的丁玲，不仅是著名的左翼作家，还已经是一位秘密的共产党员。1932 年 3 月，她由阳翰笙介绍加入中国共产党。入党仪式在南京路大三元酒家的一间雅座里秘密举行，由后来被称为“中共第一报人”的潘梓年主持，旧友瞿秋白也代表中宣部参加，一同宣誓的还有田汉等人。在仪式上丁玲表示：过去曾经不想入党，以为只要革命就好；后来认为做一个左翼作家就够了；现在则愿意做革命、做党的一颗螺丝钉，党需要做什么就做什么。

对丁玲而言，思想觉悟的提升从来不是埋首书斋、沉思默想的结果，而是伴随着太多灵魂的战栗、太多流血与牺牲，伴随着一个又一个不眠之夜。早在少女时代，丁玲就受到杰出的共产党员向警予的感召，对革命心生向往。1923 年，19 岁的她进入上海大学中国文学系做旁听生。那时的上海大学，经李大钊、陈独秀介绍，由共产党人邓中夏、瞿秋白分别担任校务长和教务长，且有一批共产党人到校任教，活跃着浓厚的研究社会问题、探求革命前途的空气。中国文学系主任是曾经参与组织马克思主义研究会和上海共产党早期组织，最早将《共产党宣言》译成中文，后来长期担任复旦大学校长的陈望道。此时的丁玲，虽然亲近共产党人，却还不愿接受党的领导。1935 年瞿秋白曾回忆说："丁玲是时尚未脱小孩脾气，常说'我是喜欢自由的，要怎样就怎样，党的决议和束缚，我是不愿意受的'。我们亦未强之入党，此时乃为一浪漫的自由主义者，其作品甚为可读。"

此后，是在丈夫胡也频的感召下，丁玲才逐渐成为党的同路人。在回忆胡也频的文章《一个真实人的一生——记胡也频》中，丁玲写到二人在加入左翼作家联盟以后，在革命境界上有了差距："我感到他变了，他前进了，而且是飞跃的。我是赞成他的，我也在前进，却是在爬。"然而不过几个月以后，1931 年 1 月 17 日，胡也频在东方旅社出席党的秘密会议时被捕，经多方营救未果，于 2 月 7 日被杀害在龙华监狱。三个月后，丁玲借小说《从夜晚到天亮》表达出自己的悲痛与决绝：

"……'该和你随星光而俱灭'，这是他的诗句，"唉，现在我应该怎么说呢？

"什么，我应该说？我应该不说。我应该了解。"

1931 年 2 月底，丁玲与母亲及儿子在常德

1930 年 12 月，丁玲、胡也频与儿子蒋祖林

> 海，草原，与我有什么关系，我整天游着，然而一切在我都无感受呵！

她回忆起也频被捕的那个风雨交加的夜晚，她四处跑去打探消息：“命运便在这夜定下了。她不能再看见她的所爱，一切，逝去了，那无间的恬美的生活！那属于两人对生命的进展和希望！一切，逝去了？那些难忘的梦幻！”

在小说结尾，正是带着对故人的思念，作为丁玲自己代言的女主人公将稿纸铺在桌上，写那天真的农家女的幺妹和那三小姐坐在土地屋前讲着过去童年时候的事；写大哥在不远的地方修理田坎……她将悲痛化作写作的动力，一边感慨着“虚伪的理性呵！你只想泯灭人性……”一边却不能停歇地将用于革命宣传的文章续写下去。就是带着这样的心情，丁玲终于成长为一名共产党员。也是带着这样的心情，她接受了第二任丈夫冯达。

二

在晚年写作的回忆录《魍魉世界》中，丁玲详细描述过他和冯达的关系：“他用一种平稳的生活态度来帮助我。他没有热，也没有光，也不能吸引我，但他不吓唬我，不惊动我。他是一个独身汉，没有恋爱过，他只是平平静静地工作。……他没有傲气，也不自卑。他常常来看我，讲一点他知道的国际国内的红色新闻给我听。因为我平日很少注意这些事，听到时觉得新鲜。有时他陪我去看水灾后逃离灾区的难民，他为通讯社采访消息，我也得到一点素材，就写进小说里去。我没有感到有一个陌生人在我屋里，他不妨碍我，看见我在写文章，他就走了。我肚子饿了，他买一些菜、面包来，帮我做一顿简单的饭。慢慢生活下来，我能容忍有这样一个人。后来，他就搬到我后楼的亭子间。这年十一月，我们就一起搬到善钟路沈起予家。”相比对于冯雪峰、胡也频的爱慕、依恋，丁玲和冯达的关系，就像旅者久渴途中，迫切地想要喝水，也只想喝水一样。然而在这样的时代，就连这般平常的生活也是不被容许的。

1933 年 5 月 13 日晚，时在江苏省委机关报《真话报》工作的冯达去见两个报社的通讯员，走到弄堂里，对着窗口喊了两声，亭子间里灯光摇晃，脚步声很杂。他见势不妙，转身就走，换了几次车，还是没甩脱“尾巴”。于是他和丁玲约定，第二天中午 12 点以前一定回家，到时有一个没回来，另一个也必须立即离开，并且设法通知组织和有关同志。第二天，冯达又去看那两个同志，丁玲则去正风文学院开会，还绕道到穆木天、彭慧夫妇那里，告知昨夜的情况，提醒他们有所准备。11 点半到家时，看冯达还没回来，她就去清理东西，准备 12 点离开。不料这时《真话报》总编辑潘梓年来了。丁玲后来回忆说：“我把情况告诉了他。他这个人向来是从从容容、不慌不忙的，他拿起桌上的一份《社会新闻》，坐在对着门放置的一个长沙发上；我坐在床头，急于要按规定及时离开，但看见潘梓年那样稳定、沉着，我有点不好意思再催。不一会儿，突然听到楼梯上响着杂乱的步履声，我立刻意识到：不好了。门砰的一声被推开了，三个陌生人同时挤了进来。我明白了，潘梓年也明白了。”经过叛徒胡雷指认，丁玲和潘梓年被特务认了出来。过了几分钟，特务将冯达带进了房间。丁玲写道：“他一看见我和潘梓年，猛的一惊，然后就低下头，好像不认识我，也不认识潘梓年，他木然地、无神地往床头一坐，我立刻就站起来走到立柜边去了。我瞪着他，他呆若木鸡。我心里想：难道是他出卖了我们？”

在共同关押期间，冯达始终赌咒发誓，承认自己连累了别人，却不承认自己向敌人自首。他说自己在去看通讯员的时候被敌人扭住，无法脱身。对方说你既然是普通人，那你总有家，带我们去你家里看看，证明你不是共产党，就没事了。他盘算已经超过了和丁玲约定的时间，以为丁玲一定已经离家躲避，而且家里也没有可疑的物品，于是才说出了家里的地址。他实在不曾想到，不仅丁玲没有离开，潘梓年竟然也在家里。对此，丁玲写道：“我是不原谅他的，但那时我认为他讲的是真话。”关押日久，国民党越发意识到，杀掉丁玲会引发强烈的抗议，劝她投降又不可能。于是提出，既然丁玲否认自己是共产党员，那么如果她同意回湖南老家照看母亲，不再参加社会活动，就可以释放她。丁玲深入思考以后认为：第一，只有活着出去，才能继续革命，表明心迹。第二，为什么革命者不能对敌人采取欺骗的方法呢？欺骗敌人并不能算作污点。于是，丁玲同意写一张条子，上写：“回家养母，不参加社会活动。”并且听从冯达的建议，加了一句“未经什么审讯”。在她看来：“我这样写无损于一个共产党员的清白，也没有断绝自己继续革命的道路。”

10月上旬，丁玲与冯达被解往莫干山，长期的共同关押，使二人的关系有所缓和。丁玲写道："冯达曾是我的爱人，但近几个月来，我都把他当仇人似地看待。现在，我被隔离在这阴森的高山上，寒冷不只冻硬了我日用的毛巾、手绢、杯里的茶水，也麻木了我的心灵。我实在需要一点热，哪怕一点点。一点点热就可以使我冻得发僵的脚暖和过来。这时我根本没有什么爱、什么喜悦，我整个身心都快僵了，如果人世间还有一点点热，就让它把我暖过来吧。我是一个共产党员，我到底也还是一个人，总还留有那末一点点人的自然而然有的求生的欲望。我在我的小宇宙里，一个冰冷的全无生机的小宇宙里，不得不用麻木了的、冻僵了的心，缓解了我对冯达的仇恨。在这山上，除了他还有什么人呢？"就是在此期间，他们孕育了丁玲的第二个孩子，蒋祖慧。

时至20世纪40年代，丁玲曾在延安对陈云、任弼时、周恩来等人先后讲述过这段历史，他们都表示谅解。周恩来说：你要帮助那些不熟悉白区情形的同志了解情况，你们原来是夫妻；那时实际情形也是"身不由己"嘛。这也许是对此事最妥帖的意见。可惜丁玲并不总能收获这般近人情的暖意。因为和冯达的关系，以及关押期间女儿的出生，丁玲在历次运动中都受到了冲击。从事情的经过来看，丁玲被捕似乎出于偶然，甚至可以说是命运开的一场玩笑。其实不然。1984年6月24日，全国政协委员沈醉给丁玲信中说："您抗战前在上海进行革命活动时，住在法租界，我便是军统上海特区法租界组组长，我的小组每周都要汇报一次监视、跟踪您的情况。不过后来您被逮捕，是中统上海区负责人季源溥比我早一步下手，迟一点我就要动手了。"或许在这个非黑即白的时代，丁玲和冯达注定是要分道扬镳。

三

丁玲身陷囹圄以后，人们找不到她的踪迹，却有很多人的心和她紧紧相连。5 月 17 日，丁玲在虹口被捕的第四天，上海英文《大美晚报》登载消息《丁玲女士失踪》。随即，5 月 24 日上海《中国论坛》、5 月 27 日上海《晶报》、6 月 1 日天津《庸报》、6 月 4 日天津《益世报》、6 月 15 日天津《大公报》等也陆续刊登了丁玲失踪的消息。5 月 23 日，蔡元培、杨铨（杏佛）、胡愈之、邹韬奋、林语堂、叶圣陶、郁达夫、陈望道、柳亚子、沈从文等 38 人联名向南京国民政府行政院长、司法部长发出营救丁、潘的电报，呼吁“尚恳揆法衡情，量予释放，或移交法院，从宽处理”。次日，上海各大报刊登电文。6 月 1 日，上海现代书局为抗议当局逮捕丁玲，迅速出版了她的短篇小说集《夜会》。4 日，北平《独立评论》52、53 号合刊登载沈从文《丁玲女士被捕》一文，抗议政府当局逮捕丁玲。10 日，文化界成立丁玲、潘梓年营救会，并发表《文化界营救丁潘宣言》。19 日，《中国左翼作家联盟为丁潘被捕反对国民党白色恐怖宣言》载《中国论坛》2 卷 7 期。同期还刊载了茅盾的文章《丁玲——新中国的先锋战士》。在此期间，民权保障同盟主席宋庆龄致电南京行政院长汪精卫，要求援助丁、潘。法国的巴比塞、瓦扬 · 古久里、罗曼 · 罗兰等国际友人也发起强烈的抗议和声援。

此外，鲁迅的意见或许更值得注意，这不仅在于他始终对丁玲的命运加以密切的关注，也因为从对此事的反应中，可以深刻地触及他对革命现实的理解方式。

5月22日，鲁迅在内山书店接受朝鲜《东亚日报》驻中国特派记者申彦俊采访，访问记刊于朝鲜《新东亚》1934年第4期。申彦俊问："在中国现代文坛上，您认为谁是无产阶级代表作家？"鲁迅答："丁玲女士才是唯一的无产阶级作家。"1983年9月，丁玲在《鲁迅先生于我》的"补记"中说："鲁迅先生为什么对一个外国的访问者作这样溢美的评价呢？我想，这恐怕是因为，我正是在他们这次会见的八天之前被国民党秘密绑架的，存亡未卜。出于对一个革命青年的爱惜，才使鲁迅先生这样说的吧。因为我是一个左翼作家，是一个共产党员，是因为从事革命活动而陷入险境，鲁迅先生才对我关切备至，才作了过分的揄扬。"这正体现出鲁迅独特的思维方式：革命作家首先须是一个革命人。丁玲为无产阶级奋斗而被捕，行动已经超越了纸面的限度而仍然笔耕不辍，这才称得上是无产阶级作家。

6月26日，鲁迅致王志之信："丁事的抗议，是不中用的，当局那里会分心于抗议。现在她的生死还不详。其实，在上海，失踪的人是常有的，只因为无名，所以无人提起。杨杏佛也是热心救丁的人之一，但竟遭了暗杀……"尽管如此，鲁迅仍然想方设法借舆论向当局抗议。27日，长篇小说《母亲》作为《良友文学丛书》第七种，由良友图书印刷公司出版。赵家璧回忆道："作者被捕后三天，同事郑伯奇同志上班后轻轻地对我说：'鲁迅先生建议把丁玲的那部未完成长篇立刻付排，你可以写个编者按作个交代。书出得越快越好。出版时要在各大报上大登广告，大事宣传，这也是对国民党反动派的一种斗争方式。’我便立即把原稿重读一遍，五月二十日发排了。”“书于六月二十七日出版，二十八日晨在北四川路门市部先发售作者签名本一百册。这天上午九时铁门一拉开，读者果然蜂拥而入，签名本一抢而光，其余的也售出很多。”

6月28日，鲁迅日记中记载：“为陶轩书一幅云：‘如磐遥夜拥重楼，翦柳春风导九秋。湘瑟凝尘清怨绝，可怜无女耀高丘。’”后来，他又将首句改作“如磐夜气压重楼”，将第三句改作“瑶瑟凝尘清怨绝”，并以《悼丁君》为题，将此诗登载于9月30日《涛声》2卷38期。“遥夜”尚有距离，“夜气”则已无所不在；“拥”似仍可相安无事，“压”则已切实指出精神上的压抑。1935年9月4日，在了解到丁玲近况以后，鲁迅又在致王志之信中说：“丁君确健在，但此后大约未必再有文章，或再有先前那样的文章，因为这是健在的代价。”这也体现出鲁迅对革命的一贯立场：若畏惧牺牲，则非真革命。期待真的革命者，却从不鼓励牺牲，不苛责于人，只是平静地接受。可叹鲁迅不久过世，没能看到丁玲日后文学上的更大成就。

尾声

作为20世纪中国最重要的女作家，丁玲在虹口居住时间不久，其间创作也不算丰硕。她曾在这里得到片刻的休息，却又在这里遭遇不堪回首的劫难。1936年9月，在被捕3余年以后，丁玲终于争取到离开南京，她下定决心，奔赴陕北。在经过上海时，丁玲提出去看望鲁迅，可惜鲁迅的生命之火已日趋黯淡，医生不许外人探望。10月抵达西安，11月进入陕北苏区。中央宣传部专门为丁玲召开欢迎会，毛泽东、张闻天、周恩来、博古等领导出席，对她表示了热烈的欢迎。毛泽东问丁玲想做什么，她说想当红军，想看看打仗。就这样，她跟随红军前方总政治部走上了战场。在前线，丁玲收到毛泽东用电报发来的一首《临江仙》："壁上红旗飘落照，西风漫卷孤城。保安人物一时新，洞中开宴会，招待出牢人。纤笔一枝谁与似？三千毛瑟精兵。阵图开向陇山东。昨天文小姐，今日武将军。"

这个"出牢人"，昨日的文小姐，终于回到了亲人的怀抱。回顾丁玲这三年的生活，每每使人掩卷深思。做一个大时代的革命者，一个有坚定信仰的血肉之躯，谈何容易？在信仰与现实，理智与情感之间，丁玲用自己的人生谱写了壮丽的乐章，也为虹口的历史，增添了浓墨重彩的一笔。

广东人在虹口

陈祖恩

上海开埠后，广东人是随着洋商进入上海的。洋商利用虹口地理上的有利条件，在黄浦江岸边占地建造码头、船厂。1845 年，英商东印度公司在徐家滩（今东大名路、高阳路一带）建造简陋的驳船码头。1851 年，美商杜那普（J.Dewsnap）在虹口设立新船坞。1860 年，英商宝顺洋行建造宝顺码头。1861 年，美商旗昌洋行建造旗昌码头。1865 年，英商耶松船厂设立。洋商进入上海的同时，带来一批粤籍员工，大部分在船厂和仓栈工作。此时的广东人，大部分生活在虹口。1876 年，葛元煦在《沪游杂记》写道：“美（租界）只沿江数里，皆船厂、货栈、轮船码头、洋商住宅，粤东、宁波在此计工度日者甚众。”

1862 年，作为中国近代化起点的洋务运动兴起，实施在政治、实业方面的救国之道。上海作为洋务运动的主要据点，广东人发挥了重要作用，其代表人物是香山人郑观应（1842—1922）。郑观应 16 岁就来上海学习经商，并学习英文，18 岁成为英商宝顺洋行买办，后受直隶总督李鸿章之托出任上海机器织布局及上海电报局总办。在上海电报局总办任期内，主持建设津沪电线，并组织翻译出版《万国电报通例》和《测量浅说》《四码电报新编》等。1883年升任轮船招商局总办。郑观应既是实业家，也是中国近代最早具有完整维新思想体系的理论家。

与此同时，以广东人为代表的民族资本活动也开始在虹口活跃，百老汇路（今东大名路）、外虹口一带已有广东人的机器工厂多家，如1875年前后，香山人林文在外白渡桥北堍开设建昌铜铁机器厂，1895年有厂房20余间。1880年，李姓广东人在大名路百福里设立远昌机器厂，以锻造外轮的修配零件为主。东熙华德路（今东长治路）师善里的同文书局由广东二徐（徐鸿甫、徐润）于1881年创办，为中国人在上海创办的第一家石版印刷图书出版机构，曾出版过《康熙字典》《古今图书集成》《二十四史》《资治通鉴》《快雪堂法书》等书籍。此后，苏州河上桥梁的架设，北四川路两侧店肆栉比，商业繁盛。南洋烟草公司工厂、上海南京路四大百货公司等广东人经营的企业，带来更多的粤籍员工，虹口的广东人街逐渐形成。

在辛亥革命前后的浪潮中，也不乏广东人的身影。鼎力支持辛亥革命的大金主是广东文昌人宋耀如（1861—1918）。1894年，宋耀如结识孙中山、陆皓东等人，倾家捐输巨万，几次濒临破产的地步。虹口宋宅是孙中山在沪的秘密活动据点。

1922年，钢筋水泥的四川路大桥开通后，给四川北路的发展带来新契机，文化气氛也日益浓厚。商务印书馆是我国第一家现代出版机构，广东香山人王云五到商务任职后，开创商务的辉煌时代。1925年3月，商务印书馆虹口分店落户北四川路22号A（昆山花园路口）新屋，此时，附近已有伊文思图书馆、协和书局、大成书店等，从塘沽路至海宁路之间的北四川路形成上海文化出版的新天地。

1926 年初，良友图书印刷公司为扩充营业，也从原奥迪安戏院隔壁的鸿庆坊口迁到北四川路 851 号。创设人伍联德是广东台山人，曾在商务印书馆工作。良友公司是三层建筑，设印刷所、装订间、机器室、堆纸栈、经理室、会计部、编辑所等，全部约有四五十间房间。是年起，出版《良友》《银星》杂志。同时，出版傅彦长、朱应鹏、张若谷合著的《艺术三家言》、田汉的《文艺论集》等书籍。

《良友画报》是大型综合性摄影画报。于 1926 年 2 月创刊，8 开本，道林纸精印，至 1945 年停刊，共出版 174 期，出刊期间为中国最有影响力的画报。“注重图画材料、采登中西著名艺术科学古物风景照片，刊载国内外时事及社会闻人照片，兼载文艺学术的文字。”

北四川路的另一个亮点是 1934 年元旦开幕的新亚大酒店，以广东新亚大酒店创始者钟准为总经理。

> 自建十层大厦，规模宏伟，为沪上异军突起之大旅邸，大小房间，共有三百五十余间，布置雅洁，各楼各房，满铺羊毛地毯，每室均有电话及卫生厕所浴室等种种设备，备有水汀，夏有冷气，楼下为中西菜厅，饮食味美卫生，对于旅客之服务，更为周到。该酒店之定章，严禁待役代客邀娼，并绝对禁止烟赌，完全为一最高尚之旅客机构。八楼有大型结婚礼堂，可容客千人。九层屋顶花园，以为旅

客散步消遣之用。

在新亚周年之时，杜重远先生特意在《申报》撰文，介绍广东事业者以拒赌、拒嫖、拒鸦片的理念。新亚以高尚旅馆为目标，矫正社会恶习，也在虹口开创了广东人上海事业的新时代。

1935 年，《粤风》月刊在创刊词里写道："旅沪粤侨二十万，以事业言，可以说是无所不有，盛大的百货公司如先施、永安、新新，伟大的工厂如南洋、永安，高尚娱乐的体育花园，耸立云端的新亚酒店，分店如林的冠生园，规模宏大的粤东中学，信用久著的广东银行，此荦荦其大者。以团体言，则有广肇公所，粤侨商业联合会，潮州会馆，以及最近征求的广东旅沪同乡会。"由此可见，广东人在上海的事业，主要是创设百货公司，开办工厂、银行，设立出版社、戏院，兴办学校。而作为联系广东人同乡情结的则是粤人社团，这些事业与社团活动是广东文化在上海的典型代表，也是海派文化的重要内涵。

广东艺术家给上海带来岭南的文化、南国开放的风气，开拓出海派文化的新气象。虹口的代表人物有：阮玲玉（1910—1935），祖籍广东省香山，生于上海，20 世纪 30 年代影坛最突出的明星之一，其优秀的演技与其自杀一事成为中国电影的一个时代象征；曾焕堂（？—1949），广东顺德人，1917 年开设上海大戏院，为华商开办的第一家电影院，1924 年创办中国第一所电影演员训练学校——中华电影学校，被誉为"中国电影事业领袖"；关紫兰（1903—1986），祖籍广东南海，留日归国的油画家，被誉为“中国闺秀画家”。

北四川路北端至老靶子路（今武进路），是虹口最早繁荣的区域，也是广东人最先在虹口的集中地。所谓广东人街，主要在武昌路一带，另一处是现新广路一带，1919年筑路时，因广东人云集，名新广东街，以示与武昌路广东街的区别。

广东人以好食闻名，虹口提供了食材供应的好环境，如国际化的三角地菜场，广东人予取予求，极为满意。加以附近有冰厂，食物宜藏，靠近码头，时鲜常勤。因此，与南京路的粤菜馆相比，虹口一带的广东酒家，原料比较地道，价格比较低廉，精致而有故乡味。

虹口的粤菜馆，主要集中在武昌路、崇明路一带。1925年，《申报》曾刊登“粤人之食品”的文章，介绍此地的美食：

> 谚云“食在广州”，是则粤侨菜品，或有一二可供谈助者，始观虹口武昌路、崇明路一带，粤人开设之餐馆酒肆，几触目皆是，每届华灯乍上时，各餐馆酒肆，则皆坐客常满，樽酒不空，斯亦可见粤人喜饮嗜食之一斑。粤人食品、几无奇不有，蛇狸猫鼠、狗鱼由瑞等，均视为珍品，顾嗜蛇者尤众。……烹时配以肥鸡、鲍鱼、木耳等品，故益觉鲜美，闻其效能祛风补血云，若以蛇与鸡同烹，则名龙凤会，亦名龙凤配。

会元楼，著名粤菜馆，位于北四川路武昌路口，亦是旅沪粤人设宴的主要场所，“设筵称曰开庭，另雇粤中音乐吹唱。开庭之价，需数十金。”1923年3月8日，为香港海员大罢工胜利一周年纪念之期，中华海员工会上海部于下午3时，在会元楼举行庆祝会，当晚8时举行宴会。1923年10月，旅沪广东工商学界人士500余人，亦在该店庆祝国庆。

粤商酒楼，为广东巨商出资创办，全部名厨，皆在广州特聘，1926年迁移北四川路武昌路口，“该楼布置甚形雅洁，座位亦复宽敞，特备各式点心，甜点如凤凰鸡蛋挞、玉叶金腿蛋糕、鲜奶露凉糕、桂花莲蓉条、鹹点如蟹肉百花酥、脆皮烧腰饼等，均颇鲜美可口。至于定价，并甚低廉。”“开幕以来，厅房座位恒满，故顾客必须隔日预定，因其菜色调制咸宜，招呼周到，厅房雅洁，实有以致之，朝午茶市，亦畅旺异常，点心则每星期更换，本期如鳌鱼饼、煎鸡饼、及鸡干脯，尤为适口。”

广东大酒楼，由粤商邓君创设，在武昌路乍浦路口。厨师韩杰曾在简照南（南洋烟草公司创始人）宅充庖多年。曾有“山瑞”“海狗鱼”两道广东名菜，因价格昂贵，上海除该酒楼外，鲜有购置者。

安乐园菜馆，位于东武昌路，新建的三层楼洋房，铺面宏伟，专售广东食品，二楼为茶室，三楼为厅房，陈设雅洁，各种家具及装饰等，完全广东式样，由先施公司工厂定制。厨师与服务员，亦由广东聘来。该酒楼早市自上午7点开始，具各色茶点、粥品，中午11时至1时为中餐小食，下午1时至5时更换各色点心，与清晨不同。每星期日又更换全部点食，别制菜点。晚上5时至深夜2时，供应正式的广州酒菜。此外，“蛇为毒物，但能烹调得法，微特可口，且具有祛风去湿治理阴亏之功，粤人多嗜之”。该酒楼有“大帮三蛇，烹调味美，但欲食此者，必须隔日预定”。除酒菜之外，该酒楼兼办广东土产食品以及中西烟酒、龙凤礼饼、应时鲜果等。此外，夏季自制冰淇淋，秋季自制月饼，冬季自制腊味。该酒楼的唐炉月饼，因制法精巧，质料优良，每日能销8000盒。《申报》报道说：“武昌路安乐园酒家，近日上市荤素各色月饼，红绫白练，各有优长，如莲蓉一项，其原料乃用莲子煮至溶烂而成，烹调得法，颜色味道均有独到处，颇为顾客赞美，故生意异常畅旺。”

味雅酒楼，原位于崇明路，为上海粤菜酒馆之老铺，菜肴之优美、定价之低廉，早已驰名远近。后迁往北四川路801号，即武昌路北首，“该处地点适中，布置辉煌，厅房雅洁，座位舒畅，招待周到，菜样新奇，真正广州真味，应有尽有，一切菜肴，可担保决无仇货。凡喜庆筵席，大宴小酌，莫不齐备。”该酒楼提出的“决无仇货”，当时指的是没有英、日食材，表现了在民族主义运动中的爱国情怀。味雅的牛肉，最为脍炙人口，为时人称道，其所烹牛肉，有茄汁、橘汁、奶油、蚝油、虾酱、咖喱等多种美味。1932年11月，该酒楼“准备牺牲三千元，特备牺牲菜四种，逐日更换，成本二元，只沽一元，可供三四人一饱，既使顾客省费满意，又得藉谢惠顾盛意，惟每日限售一百客”。这既是一种营销方法，也是对粤侨的一种情意。

陶陶菜馆，位于北四川路崇明路5号，门面不大，但“桶子油鸡”与“潮州米粉”著名，各种腊味均可随意点制，内有七星伴月一种，共七盆，复加桶子油鸡一盆，计有八色，售洋一元。“烹调者为粤厨，食物亦均鲜洁。”

冠珍酒楼，位于北四川路东武昌路，“特聘粤中名厨，精制驰名广味，定价克己，更以交通便利，房间高大，布置清洁，招待周到，是以极为各界所赞许。”

除大酒楼以外，虹口还有许多广式小店，以武昌路曾满记、章记以及仁智里的谭满记为著名。

上海，寸金尺土，居不易。许多在上海谋生的广东人，都是食在店里，住在店里的。虹口房价相对低廉，是大多数广东人聚集的地方。附近有许多店家，专售广东人所需的日常生活食品，与广东故乡差不多，所以许多广东人因为种种生活便利的缘故，喜欢住在虹口。

广东的云纱拷绸，以丝与薯莨为原料，在上海很有销路。虹口销售广东土产布匹的，大部分是广肇商人，“本埠之营云纱拷绸业者，以广帮为独多，每年自三月至五月、为此业之旺汛。”虹口的恒兴、华丰、有兴，均为云纱拷绸零剪业的老店，“沪上人士，知者极多，其货价亦尚公道，故生意大有应接不暇之势。”这些店铺中，以位于天潼路的恒兴为最著名，其创业于1898年，“货价素称低廉”，“所售之云纱拷绸，系该号直接向广东各著名厂家订购，乃纯粹国货材料，织造精良，购者同声赞羡”。1925年7月，在提倡国货运动时，该店推出特别廉价活动，零剪加阔老牌云纱，每尺八角至一元三角不等，其他夏布、纯丝条子纺绸，定价亦甚低廉。“故连日门市，极为畅旺。”

虹口的广东人喜欢穿西装的，不外乎三种人：洋行（轮船公司）、机关、学界的，广东人穿布鞋的很少，因此，虹口的广东皮鞋店比较多，如香港、致新、宏发等，都是利用弹簧制皮鞋出名的，价格在10元左右一双。后来上海人开的皮鞋店多了，生意难做，广东皮鞋店就做打鞋掌的生意，前后鞋掌一元六角，24小时取件，并在橱窗里摆放修理前后的皮鞋来做广告。后来又到国外定了一批制鞋机器，专做新鞋，还任人参观。皮鞋店，修理立等可取，兼营新式擦鞋。广东人开设的这种皮鞋店，北四川路和海宁路各有一家。

广东人总以为广东杂货店卖的东西，是靠得住的，就连买鱼菜，也喜欢到广东人店家。所以上海的广东杂货店干湿货物两者兼备，真是杂货无杂了。皇上皇食品店，粤籍陈姓人开设，1941年在其所住的海宁路（江西北路）590弄105号制作广式糕点月饼，自产自销，专营批发业务，大新、新新、先施、国货、丽华等百货公司所经销的月饼均由其批发。

看电影，听大戏，开旅馆，叫花局，上舞厅，既是上海人的娱乐，也是虹口广东人的主要娱乐。虹口的不少电影院，也是广东人开设的。如1932年开业的融光大戏院（今国际剧场），位于海宁路乍浦路口，“建筑尤极富丽堂皇之致，大门之内，有一广厅、以备观众坐息散步，布置典雅而新颖，为任何影戏院所未有，更进即为客座，计有二千座之多。一切设备，均采最新式者，冬有暖气，夏有冷气，温度调和，无过冷过热之弊，四壁灯光，用最新科学方法装制、绝不刺目，其所用有声电影机器，亦为美国最新制造，清晰异常，所映影片，专选米高梅公司之出品，其价值之高，为一般观众所共知，而座价之低廉，尤为闻所未闻，计分三角、五角、八角三种，日夜一律。”广东人在虹口看电影具有非常便利的条件。

虹口很少京剧舞台，只有广东戏。最初有广舞台，场内有400多座位，来此演出的粤剧班子络绎不绝。1922年4月，曾请粤剧名伶李雪芳来沪演出三天，《申报》报道说："连日座无隙地"，"癖者连日定座竞观，可云极盛。吾以为若非雪芳之声色艺兼人而粤剧有可观价值，又乌能有若是号召力耶"。1924年，虹口的广东人在广舞台发起广东新剧大会串，参与的除一般粤剧班子外，还有中华音乐会新剧团、粤侨工界新剧团、岭南中学新剧部、广肇公学学生新剧部、崇德女学新剧部粤剧团体，由此可见虹口广东人对粤剧的热情。

继广舞台后，粤商李耀东等人与广舞台同人邓丽泉等共同组建广东大戏院，于1931年1月开幕，地点位于北四川路厚德街，交通便利，邻近本地区。"其戏院之建筑，具有科学化美术化，规模宏大，设备完美。"开幕当天，演出粤曲、国技、平剧等节目。各界人士前往参观者达2000余人，门前车水马龙，为北四川路罕有之盛况。

老靶子路、福生路的百星电影院改为海珠戏院后，专做广东戏。百星大戏院原有二层建筑，下层为正厅，上层为楼厅，系中国建筑师范文设计，陶馥记承建，钢筋水泥构成，地面亦用颜色水泥，有"远东第一坚固避火之影戏场"之称，可惜毁于日本侵华的"一·二八"事变。海珠大戏院在原址重建，同时，派员到广东添聘粤剧新角。1936年7月1日至3日，聘请月儿女士开唱名贵粤曲3天，"虽在酷暑之中，座客仍满，听女士每歌一曲，即鼓掌称羡，全场空气，为之紧张，直至散场，座客仍流连不去。”同时，戏院因不断接到听众函电，要求挽留女士再唱3天，院方以盛情难却，特由同月4日起再加唱3天，并聘得著名动物学家何志成，携带所养万能犬到场表演精彩节目助兴。

永安乐社系永安公司各部职员所组织的业余粤剧社，所演粤剧，久为海上人士赞许。该社也常常在虹口进行活动，如1925年3月24日在东武昌路西湖楼举行一周年庆典，用电灯嵌就“永安乐”三字，西湖楼主人何子梁另赠“白雪阳春”之彩帜。是日上演粤剧，观客颇为赞赏。

虹口的一些粤菜馆，与四马路的中国菜馆一样，每室中都挂有妓花名牌，只不过这里挂的都是粤妓花名牌，上书“粤花一览”，下书妓名，客可按图索骥，书条叫唤。菜馆中的局票与其他菜馆也微有不同，上首冠有“征歌”两字。粤妓出局侑酒多自弹自唱，故侍女必挟一洋琴（或胡琴）随来。虹口的粤花，大多居住在仁智里、德兴里以至公益坊一带，是应征局唱的。

> 十多年来百货都购贵了，但应征名花的局费，还依然是大洋一元。不过在不相熟的，除唱了曲和谈几句说话，不到一刻钟便扬长而去了。在中也分色艺两派：艺派的大概都有些年纪，甚至三十开外的也有了，唱功当然是不错的，应酬也极认真，在社会里重色而不重艺的地方，渐渐的不易立足了。色派的名花极多，虹口一带的茶楼酒馆，多可见着伊们的踪迹。

毋庸讳言，广东人以赌为乐在上海也是较有名气的，开赌场者亦以广东人为多。但是，上海租界是禁赌的地方，因此赌乐只能秘密地进行，虹口的广东人也不例外。因而，常常有聚赌而被抓的事件发生。如1914年2月，武昌路广维昌、广荣昌、广德昌等15户均因聚赌而被捕房传至公堂，讯明判各罚洋2元充公。1923年12月，"虹口捕房探目蒋阿林，前晚与包探凌润庠往武昌路三百零三号屋内捉赌，当场拿获赌徒三十余名，大半皆系粤籍。"为首者罚50元，其余各罚5元。

广东人在虹口的社团有广肇公所、粤侨商业联合会、潮州会馆以及广东旅沪同乡会等。广东人在上海受教育的程度相对较高，与广东社团有很大的关系。据统计，1935年广东人在上海创办的学校，除了补习学校及附设的幼稚园外，小学及中等学校合计，一共有38家，学生总数为7363人。其中小学34所，男校27所，女校7所，男生总数3971人，女生总数2105人。中等学校共4所，粤东、崇德、广东、岭南，学生总数896人。幼稚园均附属中小学，共8所，学生391人。补习学校共6所。

粤人怀安堂所建设的三元宫。位于武昌路306号，香火甚盛。每年阴历七月初四日，例有盂兰醮之举，连续三昼夜。灯笼上之头衔，捐助醮金十二元。古玩字画之陈设，每年由粤侨征集。

上海景灵堂（景林堂）建堂事迹

姚民权

上海景灵堂堂史要从19世纪40年代基督教（指基督教新教，早期曾名为耶稣教，下同）说起。

1840年英国发动的鸦片战争，以清政府失败并签订《南京条约》告终。从此中国开放五大通商口岸（上海、宁波、福州、厦门、广州）。1843年，最早来到上海的主流派有伦敦传教会、尼泽兰（荷兰）传教会的传教士（时间很短），以后传入的主流派有长老会（在美国分南、北两派），又有英国圣公会、美国圣公会、美国公理会（时间也很短）、美国浸礼会（分南、北两派），美国监理会（分南、北两派，南派英文称Methodist Episcopal Mission，South；北派被译为美以美会）等差会（教会组织，派遣传教士并给以经济支持）。

监理会传入长江三角洲的江南一隅，从上海、松江到常州，包括浙江湖州为其传教区，1848年4月，首派秦右及戴乐两对夫妇先到上海郑家木桥（今福建南路口）造堂（中国民房，取名福音堂）传福音，但他们在中国

基督教女青年会旧址拆除后即建今景灵堂

都为时不长，先后回国。其后又来了其他传教士，向松江、苏州等地发展。1860 年 7 月，第七名监理会的传教士林乐知（Young John Allen）到达上海，他是一位学者，据说他来华前向差会提出要在中国办学校和印刷出版业。后来他果然在上海办起了中西书院和华美书馆，最终他当上了监理会中国传教团团长。

林乐知到上海后不久，美国南北战争爆发，他乃转职中国政府机关，任翻译和教习职，共十多年。直到 1875 年差会才派潘慎文（Alvin Pievson Parker）来中国，始有同工。林乐知在这十多年中，上午在江南制造局译书，下午在中西书院授课。他在上海时发现虹口的苏州河北部一带为农民的茭白田，地价便宜，就在苏州河北岸，沿吴淞路、塘沽路以南（当时称头坝）购置了一大片土地，并在昆山路成立中西书院，以及上海中西女塾（即后来的中西女中，现在的市三女中），还先后自费主编《教会新报》(《教会新报》1874年改称为《万国公报》，它也是光绪皇帝订阅的书籍）。

中西书院的课程有邮政、电报、商贸、会计及法律等科目，适合当时的洋务运动和民间欧洲文化事业的兴起，所以学生很多，思想也比较开放。我看到一则消息，有一次，林乐知在校内得知学生在课外讨论批评清政府的腐朽，听到学生中一些激烈的言词，他没有张皇失措地反对阻止，而是让学生自由发挥。所以中西书院培养了社会亟须的人才，而这些人才后来成为东吴大学法学院（在上海称东吴法科）的后备力量。林乐知的长子林文德生于上海，在美国大学毕业后回上海，执行律师业务并任天津北洋大学法律系教授。辛亥革命后，他也任北洋政府交通部法律顾问。

林乐知自己在《中西教会报》靠着冯桂芬、王韬的帮助发表了《中东战记本末》《五大洲女俗通考》等得意之作。他在1877年与长老会传教士狄考文等人在第一次传教士大会上成立了“学校与教科书委员会”(1890年改名为中华教育会），负责编写小学、中学的教科书（当时现代学校制度正在中国兴起）。林乐知在中西书院执教时也向外传教，差会不称它为“牧区”，而称之为“中西书院传教站”。每周礼拜时有中西书院内的教师、学生参加礼拜，平时还设“中西书院谈道室”，供群众阅读圣经及宗教书籍。我曾看到资料，当时中西书院在武昌路有“谈道室”。20世纪20年代，巴金初到上海就借宿谈道室接触基督教。所以中西书院实际上也是一个宗教场所。1907 年，林乐知年老返归故里时，美国老罗斯福总统曾召见林乐知进白宫，垂询他在华传教详情。

1922 年，中西书院已并入苏州东吴大学，差会乃决定在上海东吴法科的对面（即今昆山路 135 号）兴建景林堂，以此纪念林乐知，英文名为林乐知纪念堂（Allen Memorial Church）。当时书院对面分别有林乐知与潘慎文的两座住宅（潘慎文住宅正面为乍浦路 254 弄 22 号），林乐知的住宅后来成为景林小学校舍一部分，20 世纪 90 年代，被昆山路小学拆建翻造为新校舍，两住宅之间原为空地供传教士养鸡、种园艺之用，后即为景林堂堂址。景林堂落成于 1924 年，景林堂背后的乍浦路 254 弄，从 1 号至 27 号全是监理会房地产，新中国成立前称为景林庐（Allen Court）。其中 22 号为景林堂牧师住宅，1 号为监理会办公处，5 号为江长川（会督）住宅。我 1953 年入住 1 号时，尚有锡克族雇工为全弄堂司阍。景林堂董事会（称理事会）为兴建此堂，特铸立一个铜钟于三楼西侧，今犹保存可作纪念遗物。

林乐知去世后与景林堂建堂关系最大的，当为监理会的宋耀如牧师和 1939 年出任卫理公会会督（即主教）的江长川。

宋耀如又名宋教准，海南文昌人，宋氏三姐妹之父。青年时在美国受教育，1885 年毕业于美国范德比尔特大学神学院，同年加入美国监理会成为传道人员。翌年回国转入中国监理会，正式受薪且受调派，并曾在江苏的昆山、七宝、太仓等地传教。1890 年，宋耀如终因语言不通，不得不退出传道职，改为不受薪不受调派的本处传道。资料表明宋耀如执教于中西书院及从事华美书馆的经商活动，每星期日在监理会教堂掌理主日学。光绪二十六年（1900 年）上海基督教青年会发起，光绪二十九年（1903 年）倡导中国教会自主自办的中国基督徒会成立时，宋耀如都是发起人。查考中国基督徒会的会刊（上海档案馆可查到）可知，当时捐会费的多为 1 元，最多（个别人）为 5 元，宋耀如每次总捐 50 余元，可见他是很慷慨热心的基督徒。资料中有宋耀如曾写信给美国朋友，告诉他们自己在监理会新建的教堂，每星期日掌理主日学，可见宋耀如没有脱离教会活动。

宋耀如经牛尚周、温秉忠的介绍，与上海山东路基督教天安堂牧师倪蕴山的二女儿倪珪贞于 1887 年结婚。牛尚周是容闳招入的早期留美幼童学生，温秉忠也是前清赴美官员，他们在美国认识宋耀如。倪蕴山是伦敦传教会的传道人，子女都受过西方教育，倪珪贞即在裨文女塾读书，放天足、能弹琴，倪珪贞的母亲徐氏是徐光启的后代，这些都成为宋耀如心目中合适的对象条件，他们婚后，家庭美满。宋霭龄、宋庆龄、宋美龄出生后，幼年入学中西女塾。宋耀如很关心子女教育，我曾看到记载，宋耀如坐了人力车送女儿进中西女塾，还隔着门缝看女儿在校内活动。我又在上海市第三女中（在江苏路）教学楼过道上见过镜框，内介绍宋氏三姐妹是中西女中的校友。宋霭龄是由宋耀如在美国的同学、传教士步惠廉陪送进美国威斯理安女子学院，宋庆龄、宋美龄则是由牛尚周、温秉忠陪送入威斯理安女子学院。她们在美国时正逢辛亥革命成功，她们在宿舍内扎彩挂灯庆祝，还写信向父亲宋耀如等汇报欢庆情节。

景灵堂外观

我 1953 年来上海加入卫理公会，借住景林庐 1 号卫理公会办事处时，曾听江贵云（江长川之幼妹）讲，她入中西女塾时和宋美龄在校园草地上（今西藏路沐恩堂一带）做“抓人”的追逐游戏。江贵云回国后任苏州著名的景海女子师范学校校长多年，1954 年离开教育岗位，任上海卫理公会女子部会计。

江长川幼年信教，得监理会女传教士帅洁贞培养，入中西书院。1909 年进苏州东吴大学神学科。1911 年获神学学士学位，是监理会第一个受正规神学训练的中国教牧人员。在苏州读书时教会特许他每周回上海慕尔堂、景林堂讲道。1926 年获美国神学博士学位。家住有恒路（今余杭路）的倪珪贞特别欣赏江长川讲道，她自设家庭礼拜，总邀江长川来讲道，礼拜完毕她亲自送参加礼拜者出门，有时还赠以糕饼等小礼品。她对江长川更恭敬有加，我在编《上海宗教志》时曾见过一册“*The Kang's Family*”打印稿，提到江长川不吃鲜猪肉，倪珪贞常打发人送去火腿、燕窝、鸽蛋等。20 世纪 20 年代宋美龄回国后，任租界工部局、女青年会的幼儿教育工作，常陪母亲来景林堂礼拜，还参加唱诗班。1922 年，景林堂建堂时，宋家有特别捐款。景林堂建成，大座椅靠背如法庭式，既高又厚，教堂特备一藤椅于大堂前排，为宋老太太专座（这些都是景林堂老信徒告诉我的）。

1927 年，蒋介石与宋美龄结婚时，倪珪贞请江长川为之证婚，江长川因蒋介石曾有前妻毛氏（虽离婚）而婉拒。后来倪珪贞一定要江长川促使蒋介石受洗礼，成为基督徒。这件事江长川曾引以为荣。1953 年我在卫理公会办公室，江长川告诉我，有时蒋介石来上海或江长川去南京，蒋介石必备一汽车，江长川坐中间，蒋介石、宋美龄分坐两侧，江长川就利用兜马路的时间，在车上为蒋介石讲“基本要道”。1930 年，蒋介石在宋宅受洗，由江长川施洗。在此前后江长川名声大振，担任中华国内布道会会长、中华全国基督教协进会会长、金陵神学院董事等。有一年，江长川去美国，有一教会记者要为江长川摄影，声称“这是为蒋介石施洗的手”。所以，1930 年，蒋介石的名字就登录在景林堂的信徒名册上。

但是时势转移，1953 年，我进景林堂为协理传道，主任牧师戴仰钦告诉我两件往事。1951 年，全国教会兴起对美蒋敌对势力的大控诉。比此早半年的冬天，全国有抗美援朝运动，美国国务院冻结教会的来华款项（包括医药、教育、慈善）。中国教会正在北京开全国会议，商讨成立抗美援朝三自革新筹委会，这就引发了控诉运动。半年后，控诉运动扩展至上海，就在上海逸园（跑狗厅）举行基督教大控诉两日。江长川代表卫理公会登台控诉。大控诉后的星期日，戴仰钦牧师讲道后，有焦姓信徒提出：蒋是景林堂信徒，景林堂应该开除其名。迫于当时形势，戴仰钦不得不回办公室，拿出信徒名册，当众将蒋氏那一页撕下，以示开除此信徒。戴牧师 1953 年告诉我这件事时很痛苦。那天我确实看到封面灰色开本黑线装订的《信徒名册》，有残缺撕痕。开除名册在教内是极重的惩处，使人死后不能升天，相当于天主教的绝罚，难怪戴牧师十分后悔。当年（1951 年 6 月）我在南京读神学时，从教会刊物《华东消息》上得知此事。那是暴风骤雨式的革命使然，于宗教教理不合，上级教会组织也没批准此事，不足为准，那天我也没回话戴仰钦牧师。但我对此事至今印象深刻。

谈宋耀如与景林堂的关系就扯出那么多闲话。再说宋耀如因语言不通不能任沪语牧师，而于 1890 年退回不受教牧薪俸不受牧区调动的本处传道，他与同一宗派的牧师们交往就少了，而且 1918 年他就去世。然而，1924 年 10 月《中华监理公会五十周年纪念刊》出版，（由江长川题签的纪念册）却登载了宋耀如西装半身的照片，称他为“出席第一届年议会的试用传道”及有其他说明，表明监理公会始终承认他同本教会的关系。这也是我第一次看到宋耀如的形象。

20 世纪 80 年代，我查阅教会史料，看到抗日战争时期（当时宋耀如、倪珪贞都已去世）的重庆，宋氏三姐妹一同去医院慰问伤病员。很多教会刊物登有此照片。

如今半个多世纪已经过去，中国大陆同台湾的关系又是一个天地。双方致力于以和为贵，宣扬人道主义，讲人情。大陆经历了改革开放，变化很大。我加入上海宋庆龄研究会，曾参加“宋庆龄的思想精神和品格”学术研讨会。2005年收到研讨会论文集，共有论文30余篇，其中至少有4篇涉及“基督教思想”“基督教精神”的，从宗教论品格的比例相当高，其中我是以牧师身份讲论的，其余三人都是中共党员或党史研究者。2012年5月，我收到《孙中山宋庆龄研究动态》，内有一篇《宋庆龄收藏的小台钟——友人赠蒋介石、宋美龄结婚贺礼》；2014年1月，景灵堂（1981年景林堂改为景灵堂）大门招待员送我刊有《孙中山与宋家人合影首次发现》的2013年1月25日的《新民晚报》，以及刊有《晚年隔海相望的宋氏三姊妹》（上、下）的2013年2月25日、26日两天的《新民晚报》。这些文章的作者我都不认识，但他们都表露了透过纷争世事，看到了手足之情、骨肉至亲。血与水是不可比的。正如圣经说：“如今常存的有信，有望，有爱；这三样，其中最大的是爱。”我为此颇为感慨。

经历“文革”后，1981年景林堂大堂收回自用，1982年曾大修。竣工后，同济大学建筑专业的罗小未教授带十多名学生来堂参观。她曾就读于圣约翰大学，对教堂建筑很在行。我趁机请她作评判。她对我说，这堂的建筑是传统教堂走向自由主义的风格，简洁、宽敞，唱诗班的席位很能汇聚声音，效果明显。我录之以为备查。

1981年“文革”后收回景林堂时，张心田牧师召开同工会将堂名改为景灵堂。这是我从牧师办公室的黑色软面练习本（算作记录本）中看到的。后来他可能向市基督教两会及区宗教办作了汇报。

顾维钧的家世与早年留学经历

金光耀

顾维钧一生以嘉定人自居，但他却是出生于上海市区，在公共租界内长大的。

顾家祖上从昆山迁来嘉定，至顾维钧祖辈已成嘉定城中大户人家。顾维钧父亲顾溶，字晴川，1856 年出生，自幼“资禀明达，性行笃淳”。但顾溶刚懂事，家中就经历了剧变。1860 年，太平军进占嘉定城，此后 3 年，多次进出。兵荒马乱中，顾溶的父亲被太平军抓获，并被索要赎金，顾家倾其家产将人赎了回来。但因监禁中身心受到严重伤害，顾溶的父亲回家不久就去世了。顾溶的母亲邹氏与嘉定城中许多人一样，为避战乱，拖着年幼的儿子并怀抱着更幼的女儿，逃往上海的租界。

正如顾溶的墓志铭所言：“嫠母茕雏，资产如洗。”邹氏拖儿带女到上海后，只有依靠嘉定传统的刺绣手艺养家糊口，拼命地做针线活，在暗淡的油灯下干到深夜。大户人家的传统，使邹氏在为生计奔忙时也不忘督促儿子学习，只是家境艰难，顾溶学习的重点不是传统的诗书，而是“攻著作于计然”，期望着学点本事可以早点谋生，“托生涯于货殖”。

顾溶 14 岁时进入一家杂货店当学徒。结婚成家后，

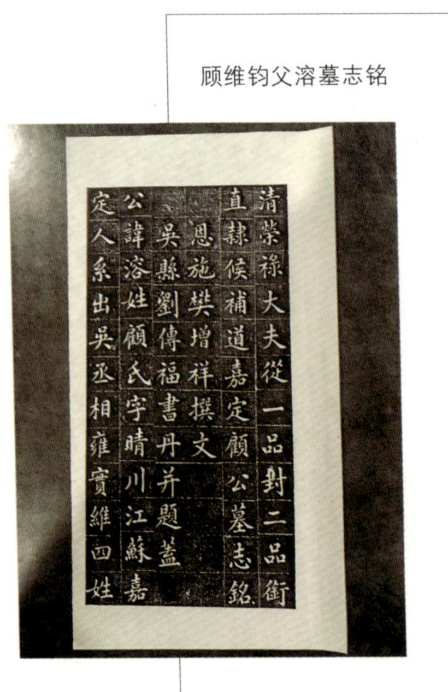
清榮祿大夫從一品封二品銜
直隸候補道嘉定顧公墓志銘
恩施樊增祥撰文
吳縣劉傳福書丹并題蓋
公諱溶姓顧氏字晴川江蘇嘉
定人系出吳丞相雍實維四姓

顾维钧父溶墓志铭

顾溶在岳父的报关行里工作，有了固定的收入，家境开始好转。但当顾溶 23 岁的妻子蒋福安刚怀上第四个孩子的时候，报关行因经济衰退倒闭，顾溶一时失去了工作。蒋福安为此十分担忧，她已经有了两男一女，生活的重压使她不愿再添孩子增加家庭的负担。她指望用某种民间偏方进行流产，但这一偏方并不见效。不久，顾溶又有了更好的工作。因此，顾溶夫妇将腹中的第四个孩子看作是给顾家带来了好运。顾溶有了新工作后，搬进了小南门梭子弄的一所大房子，第四个孩子顾维钧就出生在新房子中。

顾溶的新工作并不是顾维钧在回忆录中说的在轮船

招商局任事，这还要到几年之后。这份新的工作是在朱葆三的慎裕洋行管账，做总账房。出生于浙江定海的朱葆三年幼丧父，14岁时来到上海的五金店做学徒，靠着勤奋和聪明，逐渐被提拔为总账房和经理。后来自立门户，开办了慎裕五金店，店址最初在老城厢的新开河，后来搬到了紧挨着外滩的福州路13号，名称也改为慎裕洋行。随着生意规模的扩大，朱葆三要聘一个人做总账房，就找到了与自己年轻时经历相似的顾溶。顾溶没有辜负朱葆三的厚望，管账后得到了“账法精通，品行纯正”的好评。

遇见朱葆三是顾溶人生的转折点。地处公共租界中心区域的慎裕洋行是人来人往的重要社交场所。顾维钧晚年仍然记得父亲在福州路的办公点是包括政府官员在内的各种重要人物见面的地方。慎裕洋行紧挨着外滩9号轮船招商局的北门。1892年，顾溶得到盛宣怀的赏识，进轮船招商局，“年三十七，见器于武进盛公宣怀，不次擢之。”顾溶的新工作是招商局新船快利轮的坐舱。快利轮是招商局专跑汉口宜昌航线的，当时刚投入运营，吨位870吨，是航行于汉口宜昌航线的四艘轮船中吨位最大的（另三艘是招商局的固陵轮304吨，太古洋行的沙市轮811吨，怡和洋行的昌和轮677吨）。坐舱负责轮船的客货业务，相当于乘务经理。顾溶与另一位坐舱林朝钧随快利轮首航抵达宜昌时，当地官商“以炮竹相迎”，“共放鞭炮二十余万响”，盛况空前。快利轮经营汉宜航线获利很大，到1900年，除去各项开销，“结余二十四万二千余金”。但顾溶在快利轮干得并不十分愉快。在1895年给郑观应的一封信中，顾溶抱怨说，“所有在船卖票、收交客位水脚银两及进退司事一切等，均伊（张午峰）一人经理，溶稍稍询问，即含糊答复。”另有他人给盛宣怀的信函称，“张顾二人素不相能，……同舟龃龉。”

1901年，袁树勋出任上海道台。朱葆三为联络与官府关系，将顾溶推荐给袁树勋，让顾帮袁主理财政，“辟掌支应”。顾溶很快就得到袁树勋的赏识，因理财成绩显著，不久就“晋三品衔”。上海道台要经手许多钱款，这些钱平时存放哪个银号或钱庄，袁树勋并无定见，全听朱葆三的，因此那些银号钱庄的经理都要到慎裕洋行来找朱葆三，以致当时有“道台一颗印，不及朱葆三一封信”的说法。顾溶在这之中自然起了重要作用。1908年袁树勋升迁为山东巡抚，顾溶仍为袁做事，“办外海拯济”。顾溶手头阔绰后，在家乡嘉定置田2300亩，捐出来办“承裕义庄”，为族中子弟办学，并赡养族中贫困者。袁树勋在1911年专为顾溶写了“嘉定顾氏承裕义庄碑记”，可见两人关系之密切。在为袁树勋做事时，顾溶与盛宣怀的往来也没有中断。1909年，顾溶受盛宣怀委派任汉冶萍公司的查账董事。1911年5月，顾溶再次受到盛宣怀重用，出任交通银行上海分行总办，并加二品衔直隶候补道。

从顾维钧出生到长成少年的过程中，顾溶从一个“账法精通”的账房先生，逐渐发展成为一个与盛宣怀、袁树勋这样的晚清重臣有密切关系的官商。其中，朱葆三的作用是关键的。因此，不管顾溶到哪里去任职，他与朱葆三的关系都没有中断过。1905年顾维钧到哥伦比亚大学留学时，填写的顾溶的联系地址还是慎裕洋行所在的福州路13号，租界的中心区域。作为一个官商，顾溶不仅为顾维钧提供了优裕的生活条件，他在政商两界周旋的丰富经历也对少年顾维钧产生了潜移默化的影响。

顾维钧漫长一生的最初16年，就是在上海租界内这样一个富裕的官商家庭中成长起来的。

与当时的富家子弟一样，顾维钧刚过了4岁就与他的二哥一起进私塾读书。私塾在公共租界内苏州河北的唐家弄，离苏州河南的顾家约三里路。私塾的学费每年6块银元。他从认字开始，后来读经书，背诗歌。不管学什么，私塾老师都要求大声朗读。顾维钧在私塾读了7年，根植下对中国文化的亲近和热爱，也打下了传统学问的初步根底，以后他步入外交界，虽以精通英语、擅长英语写作和演讲而闻名，但处理中文文书也得心应手，就受益于私塾的训练。直到晚年，他还能随口诵读几十首唐诗。

在私塾读了7年后，顾维钧跟随其姐夫一起进入设在公共租界昆山路的中西书院（Anglo-Chinese College）预科学习。中西书院住读，每周一上午父亲顾溶陪他一起从家中出发，到福州路13号父亲去慎裕洋行上班，余下的一半路程由仆人送去，每周六坐黄包车回家。刚过10岁的顾维钧在这所学校开始学英文，接触西方文化，并显示出在学习上的天赋。在同学中，他年龄最小，但各科成绩都名列前茅，尤其在班级的英语拼字比赛中，总能拔得头筹。英语课老师是一位留美学生，他采用竞争的方法激励学生学习。每次上课拼英文单词，拼正确最多的学生坐在最前面，如果下次被超越了，则让出座位。顾维钧能够将坐的前面的位置保持到学期结束。期末大考，学校会将全校 350 名学生的各科成绩总分张榜公布，按得分高低排列。顾维钧虽年龄小，但在期末考试中排名全校第八，被奖了一本英语字典。但他本人还不高兴，因为如果不是算术考试中忘加了两个数字，他自认总分可以在第一。

1901 年 3 月，顾维钧考进圣约翰书院读预科。圣约翰书院是一所由基督教会圣公会于 1879 年创办的教会学校，教师主要由美国人担任。1891 年正式成立大学部，为中国最早提供现代大学课程的学校。顾维钧入学的前一年，书院读正科（即大学）的学生一共 43 人，读预科的学生一共 125 人。因为学费昂贵，学生都来自富裕人家。预科学生中家庭出身商人的 80 人，学者的 25 人，牧师的 20 人。在这所由美国教会创办的学校里，顾维钧对美国有了最初的了解。

顾维钧在中西书院和圣约翰书院读书的少年时代，正是中国面临严重的民族危机和近代民族主义意识形成之时。在租界中长大的顾维钧，对外国人在中国享有的特权有切身的体验和感受。在中西书院读书时，有一个周六，他像往常一样坐黄包车从学校回家。过外白渡桥上桥时，车夫拉得很慢，跟在后面的一辆马车上的英国人急着要去跑马场赌马，嫌黄包车挡了他的道，就用马鞭抽打黄包车夫。顾维钧气愤地回头用英语斥责这个英国人："你是绅士吗（Are you gentleman）?"顾维钧知道对英国人来说，这是很严厉的斥责。

到圣约翰书院读书后，顾维钧骑自行车到地处梵王渡的学校去。一次，骑自行车的顾维钧为避开马路上的车辆，在静安寺路上跟着一个英国男孩骑上了人行道。

英国警察放过了前面的男孩，却将他扣下了。同样骑车，却面临不同的处理，仅因为前者与警察一样是英国人。这件事对少年顾维钧有很大的刺激。晚年手书回忆录提纲时，他将这件事和外白渡桥的事列为读书期间不能忘记的两件事，并在与记者谈到外白渡桥那一幕时说，这让我觉得一定要收回租界，取消不平等条约。民族主义意识就这样在他的心中生根发芽。

20世纪初，即使在上海的租界内，自行车也是一件奢侈品。顾维钧有一张手扶自行车在照相馆拍的照片。照片中的顾维钧留着当时国人都有的辫子，穿着长褂，左手夹着一顶中式礼帽，脚穿一双布鞋。留辫子的少年手扶当时很新潮的自行车，十分形象地反映了生在传统社会的顾维钧对新事物新风尚的追求。另有一张照片，顾维钧头戴西式宽边礼帽（因此看不出辫子），身穿一套深色西服，上衣敞开着，白衬衫上映着花格领结，脚蹬一双白皮鞋，一副洋场少年的派头。这几张照片，都有“宝记 Pow Kee”的馆铭。“宝记”是晚清民初公共租界内最有名的照相馆，老板叫欧阳石芝，是广东新会人，康有为的学生和同乡。当时去“宝记”拍照是上海滩富商和文人的时尚。这显示出租界生活对顾维钧的另一层重要影响，即西方文化对一个十多岁少年的示范效应，以及由此导致的他对西方文化的向往和接受。在租界和教会学校的氛围中，这种对西方文化的向往与民族主义意识同时进入顾维钧的心中，交融汇合，形成一种能够包容外部世界的民族主义意识，在顾维钧年少的心灵留下了深刻的印记，成为不会褪去的底色。

少年顾维钧手扶新潮自行车像

少年顾维钧西式装扮像

顾维钧（左一）与母亲和哥哥

顾维钧（左一）出国留学前与父亲和两位哥哥

1904年顾维钧赴美留学。第一年在库克学院学习。1905年9月开始了在哥伦比亚大学这所常青藤名校的学习生活。进入哥大这样的顶尖大学学习，顾维钧开始还不能完全适应它的学习。第一学期5门课程，1个B，3个C，1个D。但他的学习能力很强，第二学期8门课，已经是1个A，4个B，3个C了。哥伦比亚大学有一规定，攻读文学士学位的学生必须修拉丁文甲班的课程，这一课程是以在中学学过4年拉丁文为基础的，而顾维钧从未学过拉丁文。为了能修这门课以获得文学士学位，他利用一年级升二年级时的暑假开始学拉丁文，结果用6周的时间学完了中学4年的课程，取得了修课的资格。一年后，他在拉丁文甲班的考试中得了A。

第二学年开始，顾维钧的课程除英语外，集中于历史、政治和经济，因为他希望以国际法和外交为主修目标。他选修了后来大名鼎鼎的历史学家比尔德教授（Charles Beard）的3门课：1832年改革法案前的英国史、美国政党和比较政治学。比尔德此时获得博士学位不久，在哥伦比亚大学刚开始他的教学和研究生涯，日后他担任过美国历史学会主席。

在三年级的时候顾维钧修满了大学本科四年所需的学分，1908年9月新学年开始时，他注册为政治系的研究生，主修国际法。1909年同时获得学士和硕士学位后，顾维钧开始攻读博士学位。他的指导教授是穆尔（John Moore）。顾维钧80多岁的时候，有人问他，对他一生影响最大的人是谁？他回答说是穆尔教授。穆尔教授是国际法权威，编有多卷本的国际法巨著《国际仲裁》，当时有不谈穆尔就不用谈国际法的说法，而且他还有丰富的外交实践经验，担任过美国国务院的助理国务卿。

在准备博士论文时，顾维钧确定的题目是《外国对中国政府的权利要求》，拟由9章和1个导论组成。导论部分准备提供中外关系的一般背景，外国人在华地位，约束中国的条约的性质，以及居住在中国的外国人所享受的治外法权。正文部分的重点是评析外国向中国提出权利要求的全部案例，以及解决这些权利要求的一般原则。论文的提纲得到穆尔教授的认可，认为这是一个有重大现实意义的题目。

论文撰写过程中，顾维钧写过一篇文章《中国外交私议》。开篇指出：鸦片战争以来中国降为“第三等国”，丧失之权益“其为吾衮衮诸公而甘心放弃者亦何可胜道者”。因此，“中国不欲定外交方针则已，中国而欲定外交之方针，必先自保存未丧失之权利始”。在列举了中国丧失的租界里的领土权、赋税权以及外国人游历内地等权益后，他总结道：“中国外交之所以败坏决裂而无可收拾者有三故焉。一曰无法理之思想，朝野上下不知法理为何物。……二曰无统系之办法，部臣与疆吏异意，督抚与僚属殊方。……三曰无胆识之外交家，……始则延宕以避之，继则婉词以缓之。”在顾维钧看来，中国外交亡羊补牢之计在得外交之人才：

> 所谓外交人才者，其必有法学上高等之学识，料事决谋之果敢，所谓足智足勇是也。难者曰：智者尚矣，而勇者何为哉？我国当国事衰弱之秋，无海陆军以为后盾，而欲以姜桂之性言外交，毋乃启强邻之怒而速自亡之机乎？余答曰：否。当今日之

世虽曰有强权无公理，然国际交涉之时诚能以公理争强权，则强权者亦不能以一手掩天下之目，而抹杀公理也。

这篇文章讨论的重点是近代以来中国丧失的条约权益，正是他在撰写中的博士论文的内容。文章结论部分提出的解决中国已丧失的权益需要具备法学知识的外交人才，是顾维钧博士论文研究的动力，也是他对自己的期许。“以公理争强权”预示了国际法的学习对他此后处理外交事务的影响。

1912年2月中旬，正在准备博士论文的顾维钧接到中国驻美使馆要他去华盛顿的通知。到了使馆后，公使张荫棠告诉他刚担任临时大总统的袁世凯请他回国担任总统府英文秘书。事后顾维钧知道这出自担任内阁总理的唐绍仪的推荐，但当时对此毫无心理准备，遂以尚未完成学业为由予以婉拒。穆尔获悉此事后却持完全不同的看法，他告诉顾维钧，攻读国际法和外交的博士学位就是为了担任政府公职，而袁世凯的邀请是千载难逢的机会，因此极力主张顾维钧接受邀请回国服务。当时顾维钧的博士论文只完成了导论和另外3章，因此他以论文尚未完成表示为难，穆尔在阅读了已经完成的部分后表示，导论这一章已足够作为一篇完整的博士学位论文了，并着手安排有古德诺、比尔德等教授参加的口试。在穆尔的鼓励和支持下，顾维钧最终接受了袁世凯的邀请，并以原论文的导论作为博士学位论文提交，于3月29日顺利通过了口试。

完成口试后，穆尔让顾维钧找答辩老师中相对年轻的比尔德帮助解决论文的出版问题。比尔德表示，出版方面的一切事务可由他来解决，校对则由比尔德太太承担，顾维钧只要抓紧完成一篇序言就可以了。顾维钧的博士论文最后以《外人在华地位》(*The Status of Aliens in China*)作为哥伦比亚大学历史、经济和公法丛书的第126种于1912年出版。作者名下注明是中华民国总统的英文秘书，顾维钧的序言则是在回国途中于4月16日完成的。《外人在华地位》是顾维钧在哥伦比亚大学七年学习的结晶，体现出顾维钧在美国学界影响下对中国对外关系的看法，并成为其后来外交活动的思想根源。

董显光的战场

王启元

新近由社会科学文献出版社“启微”系列新出的《战场之外：租界英文报刊与中国的国际宣传》一书关注战时中日间在英语媒体上的宣传战，视角颇为新颖的，全书所述，上自北伐前后、尤其围绕“济南事变”的英文报刊宣传的开始，下限则仅到日本偷袭珍珠港前夕（1928—1941）。自北伐至抗战中期的岁月，中国开始主动建设近代国际宣传体系。北伐初期，处理国内军阀甚至外国侨民事务时期，当局者完全忽视国际外宣的作用。此时，日本在济南周边对北伐军发动军事冲突，中方特派交涉员被残忍杀害，国民政府又遭遇严重的国际舆情困境，甚至大有被日本侵略者倒打一耙的境地。此时当局才意识到，国际宣传力量的重要性与迫切性，开始着手延揽外语新闻人才。至全书下限的太平洋战争爆发，之后的中国显然得到了大部分世界正义力量的支持，在舆论宣传上也已走上了坦途。唯有区间内的十余年（1928—1941），中国新闻工作者与主管部门，面对内部支持不力、外部群狼环伺的境地时，展示出异乎常人的韧劲与智慧，走出了一条近代中国新闻人自强独立的血路。即便这段时期的英文宣传效果与成就，远未达顶峰，却是其发展加速度的最大值。此段近代新闻史发展历程自有其相当价值，之前亦尚未被学界全面揭示，足见本书选题的眼光。而围绕本书的相关话题，在民国政治、外交甚至国际关系史层面，皆广有可资深入之处，同样可见此书讨论话题的价值。

全书的上半部分，约略可以被看作宏观视角审视国民政府的英文国际宣传力量建设的曲折与艰辛，直到全书正中（第五章）以降，画风变成了某种个人英雄主义式的叙事。虽然体例上没有太多变动，但此后的章节中，有位改变民国国际宣传的人物，便已无处不在了，他就是董显光（1887—1971，浙江奉化人）。与国民政府国际宣传相类似，董显光个人的研究在国内学界同样未属深入；作为民国时代的风云人物，董显光在今天的知名度也相当有限。不过至少在民国新闻及宣传界，董氏无疑是个重要角色。董显光晚年所著英文自传稿《一个中国农夫的自述》（*Autobiography of a Chinese Farmer*），

虹口吴淞路上的内地会总部，内地会为英国传教士戴德生所创

殁后稿本被家人发现后，由其遗孀交予身前好友曾虚白（1895—1994，江苏常熟人）译后出版；后人叙述董氏生平多依据此种自传材料。本书中所引用董自传，大多集中于战时国际宣传的内容；然董氏早年求学工作经历，影响到他日后投身外宣救国之处，仍多有可论之处，试举几例。

董显光出生在浙东的基督教家庭，在他来上海读书之前，他的父亲已经为身在上海的内地会（China Inland Mission，CIM）承包过工程，地点很可能就在当时内地会总部所在虹口附近，董显光来沪的第一所学校就在虹口由监理会所创中西书院（Anglo-Chinese College），给他留下深刻印象的英语老师，就是中华基督教青年会总干事曹雪赓，日后清华大学校长曹云祥的哥哥。因为学费原因，董显光被迫转学去了长老会创办于上海城南的

曹雪赓像

清心中学（即今上海市南中学，董氏还被列为市南中学的知名校友）。因为调皮，董氏之后去了第三所学校：位于上海县城北的民立中学。毕业时因为父亲去世家中无以为继，便回奉化龙津中学教授英文，在那里成为了蒋中正的老师。为了迎娶清心女校毕业的未婚妻，一年多后董显光辞去了教职重回上海，在商务印书馆谋了个职位。

因为之前上海求学的经历，一位长老会牧师（Paul Montgomery）为他提供了留美的机会，第一站是巴克学院（Park College，今改为大学，译作帕克大学）两年半后转入同州的密苏里大学，就读新闻系；“密苏里”帮后来也成为民国新闻宣传界的重要台柱。勤奋的董显光在美求学时就展现出出色的新闻采访写作与语言能力，为多个刊物发表报道，回国后他也长期从事英文记者工作，在当时国内多种英文报纸如《共和报》《北京日报》《密勒氏评论》供职供稿，采访过袁世凯、吴佩孚、鲍罗廷等近代史政坛大佬。国民政府建立之后，董显光迎来了一个重大改变，受聘回沪担任英文《大陆报》的总经理，不仅使其有机会随海军上将杜锡珪出访欧美，并由此进入国民政府高层的视野，其中就包括其当年的门生蒋中正。董显光回忆中是张学良的顾问端纳（William Henry Donald，1875—1946，澳大利亚人）来说和他与国民政府合作；《战场之外》一书通过档案记载，蒋的秘书杨永泰亦曾出力促成此事，从此《大陆报》成为国民政府的秘密喉舌。

在董显光成为政府外宣部门负责人之后，官方采纳了他提出的诸如专业人办专业事、注重宣传技巧等建议，

董显光像（魏舒歌私藏）

并大力启用留学归国与国内名校的新闻专业人才，使得国民政府的国际宣传局面，在20世纪30年代纷繁的国际局势中，逐渐站住脚跟。此后董显光先后担任军事委员会的外电检查员、军事委员会第五部副部长、宣传部国际宣传处副处长等要职，成为国民政府战时国际宣传的头号人物，甚至多次身先士卒，潜入敌后孤岛上海，接洽租界英文报纸总编，着手建立香港、新加坡的国际宣传网络。在南京、武汉沦陷前夜，董氏仍驻守宣传岗位，直到开完新闻发布会再冒险离开。董显光与老友曾虚白都记载过一段遇险事，在武汉撤守的1938年10月25日当天，董显光在汉口主持完最后一次外国记者招待会时，已经没有交通工具送他离城，好不容易找到一辆军车撤离，上车前董氏竟头痛欲裂，无法同行，只能下车治疗。结果这辆车驶出3小时便遭到敌机扫射车毁人亡，身体刚恢复的董显光便与友人林蔚将军（1889—1955，浙江黄岩人）一同步行从武汉来到长沙，最终脱险。1941 年太平洋战争爆发后，董显光的任务变成了陪伴蒋宋夫妇出访随使，在短短 3 年间，陪蒋远赴印度、缅甸，又随宋开启著名的美国演说之旅，他在管理纸媒层面的宣传工作算是正式结束，甚至直到抗战胜利前夕，董氏竟打算从此隐退，躲在美国学修汽车。这也就能理解，为什么《战场之外》一书写道 1941 年便戛然而止，因为主人公在那一年便改行了。

《战场之外》的作者不仅发掘了董显光这位宣传战线的名人，也意识到董氏身边同学校友的新闻圈，对中国近代英文宣传的影响。其中因董显光与诸多日后同僚多有毕业于密苏康迪里大学新闻系，而称之为“密苏里帮”，其中有创办《大陆报》《密勒氏评论》的汤姆斯·密勒（Thomas Franklin Fairfax Millard）、《密勒氏评论》主编鲍威尔（John Beniamin Powell），还有一位日后更为出名的美国红色记者埃德加·斯诺（Edgar Snow，1905—1972）。同时因为密苏里大学与当时北京新成立的燕京大学合作密切，燕大以密苏里新闻系为蓝本，开创了燕大的新闻系，国民政府中央通讯社在萧同兹（1895—1973，湖南常宁人）主政时期，便大力招募燕大新闻的毕业生，其中如沈剑宏、汤德臣等，都成为了董显光的部下。

在“密苏里帮”与“燕大帮”之外，《战场之外》还提到了几位熟悉的近代人物，不过之前这几位甚少被与国际宣传挂钩。杨光泩（1900—1942，浙江吴兴人）此前被熟知是他担任马尼拉总领事时向华侨筹款抗日，于1942年太平洋战争爆发后被日本侵略者杀害，光复后迁葬南京菊花台。而他与太太“复旦校花”严幼韵（1905—2017，浙江慈溪）的婚事，同样是瞩目的焦点。不过本书作者引美国记者饶世和（Malcolm Leviatt Rosholt）《老上海记者团》（*Press Corps of Old Shanghai*）一书记载，杨曾在《大陆报》被收购后被授意担任其经理，而他之前供职的是外交部。据杨氏遗孀严幼韵的回忆，1928年他们新婚后杨光泩就任中国驻伦敦总领事及驻欧洲特派员，但1932年的秋天便接到一项任务：“为政府创建一个类似路透社的新闻机构”，并在日内瓦设立了一个中国新闻机构，1933年的秋天杨太太得知丈夫即将回国，除巡视五省外交工作外，还有一个任务就是兼任上海的官方报纸中国新闻社社长，与本书所引饶氏回忆正吻合。杨光泩毕业于清华，又留学科罗拉多与普林斯顿，不过他不仅不属于“密苏里帮”，获国际公法博士的他，甚至也不是学新闻的。作为一位功勋卓著的外交人员，竟然同时还曾在对外宣传上做出过贡献，实在是让人慨叹他的能力非凡。

另有一批在上海孤岛时候，配合董显光参与国际宣传的沪上精英，尤以战时民间组织的“上海抗敌委员会”（似当作“上海市各界抗敌后援会”）成员给予董氏不小帮助，甚至可以视作官方国际宣传处的上海代理人，这其中的参与者同样也不是以新闻见长，比如著名学者、畅销杂志主编温源宁（1899—1984，广东陆丰人），曾著《不够知己》（*Imperfect Understanding*）而闻名学林。另一位是麦伦书院的校长夏晋麟（1895—1996，浙江鄞县人），同时还是宋氏连襟牛尚周的二女婿（书中误将夏任教的“Anglo-Chinese Medhurst College”错译为“格致书院”)。而沪江大学校长刘湛恩(1896—1938 湖北阳新人)更是其中重要的成员，最终成为敌占时期恐怖主义的目标。刘氏在 1938 年 4 月 7 日载公交站被暗杀前，可能就要应董显光之请赴美，作反日演讲，结果他的意外杀身，让当时敌后反日宣传工作蒙受巨大损失。在本书作者的努力下，让读者看到这些原本在各种领域都卓有建树的社会精英，在国难来临之时纷纷以自己所学所长，投入到没有硝烟的宣传战场，足见当日知识分子同仇敌忾的勇气与决心。

以董显光为代表的民国战时国际宣传人士，与当时中外各大关心中国战事的媒体记者一起，用他们手中的纸笔与报刊阵地，关注瞬息万变的局势发展，控诉侵略者的暴行。国内学界关注最多的中文报刊研究中，有分属不同立场的《新华日报》《大公报》《中央日报》的战时新闻宣传，另如境外的南洋中文报纸如新加坡《南洋商报》等也被学界关注到。相比而言，在华的英文报刊的研究就比较有限。本书作者在研究国民政府的国际宣传时，尽管未能顾及德法甚至是俄日等外语宣传情况，但当时的英国美国等英语世界，的确是政府希望争取的最大对象；选取租界英文刊物的视角，无疑有其精准定位的合理性。事实上，这些重要的租界内英语名刊的外籍记者群体，可能也是当时最关注中国的外国群体之一了，如前述“密苏里帮”与“燕大帮”的影响力便可见一斑。作为他们供职的报纸的态度演变与人事变动，便是《战场之外》一书极力想挖掘的研究点。毕竟，不是每一份英文刊物一开始便对近代中国保有同情的态度；而再傲慢的对手，也不是没有可能变成我们的朋友。

晚清民国时期，对中国报道普遍较公允的刊物，都有美资背景，比如最先成为中国国际宣传同道的英文报、董显光曾经任职的《大陆报》(*China Press*)，便是由美国新闻人汤姆斯·密勒（Thomas Franklin Fairfax Millard，1868—1942）创刊于清宣统三年（1911年）。而几年后这位密勒创办的另一份报纸《密勒氏评论报》（初英文名 *Millard's Review*，后更为 *The China Weekly Review*，中文名不变），同样对中国抱有很大的同情。密勒曾就读于密苏里大学矿业专业，但心慕新闻学，最初以《纽约先驱报》报道义和团运动记者的身份来华。他与晚清外交官伍廷芳（1842—1922，广东新会人）等本土精英共创《大陆报》后，借助中国政府的资金与力量，迅速打破了英国人《字林西报》在中国英文报纸界的垄断。正是密勒本人自义和团时期建立起来的对中国的同情，以及与《字林西报》明显的竞争关系下，《大陆报》在与英国驻沪总领事的龃龉之中彻底在上海租界遭到孤立，密勒最终放弃了《大陆报》管理权，转而新辟《密勒氏评论报》。此后《大陆报》经历了近20年中、美、日、英多方的争夺，股东几经易手；其间广州国民政府前后的孙中山也曾短暂控制过《大陆报》。直到在北伐战争结束后的1930年，该报全部股份转让给中国报界领袖张竹平（1886—1944，江苏太仓人），请来了卷入史量才收购《新闻报》旋涡的董显光任主笔，才有了此后国民政府与《大陆报》的深度合作、资金支持，及一年后的额董显光个人加入政府宣传部门。而最终国民政府借青帮手逼走张竹平后，《大陆报》转由孔祥熙控制，前述的杨光泩在此时短暂接手。直到太平洋战争爆发后，《大陆报》被迫停刊。《战场之外》一书总结《大陆报》办报成功的特色，最重要的一为头版刊登新闻，而不是之前惯例的留给广告，其二便是在显耀位置刊登中国本土新闻，而不像之前的西文报纸把欧美新闻置于中国新闻之前，此举当然赢得了中国精英的好感，国民政府成立之后与之密切互动，也就顺理成章了。

密勒之后创办的《密勒氏评论报》更是在中国新闻界留下深刻影响，也使“密苏里帮”与“燕大帮”在中国报界声名鹊起，其对 20 世纪上半叶“中国新闻职业化的推进，信息情报网络的建立，以及中国与国际舆论的联结发挥了至关重要的作用”(《战场之外：租界英文报刊与中国的国际宣传》第 51 页)。总体来说，美国报纸在上海公共租界的发行一直受到打压，所以密勒退出报纸界，转而经营杂志，《密勒氏评论报》便是周刊形式发行，内容都是时政社论与深度报道，有很浓的左派立场，关注民生疾苦与中国革命，尤其聘任埃德加·斯诺赴延安报道中共高层，向国际社会正面宣传共产党人的光辉形象。《密勒氏评论报》的继任者约翰·鲍威尔（John Beniamin Powell，1886—1947）是密勒的密苏里同学。同为孙中山的坚定支持者，鲍威尔则更为激进地支持中国独立自主的主张，抨击西方及日本在中国的殖民统治，这些态度在抗战之中成为以董显光为首的中国国际宣传机构，首要拉拢的对象，鲍威尔也不负众望，尤其从“九一八”事变一开始，便强烈质疑日军所谓的“自卫”说，揭露日本“分裂”中国的野心，这一与其他西文报纸截然不同的态度，赢得了租界里中国精英们的支持，

埃德加·斯诺在中国

据说不少当时出版的反日宣传册内容，就直接译自《密勒氏评论报》。有时，颇为激进的鲍维尔在发布报道时，还会与美国国内“孤立主义”的政治态度背道而驰，让租界里的美国总领事头痛不已。正是这样一位来自异国、支持中国抗日的新闻人，在1941年太平洋战争爆发后，被日军逮捕，备受折磨，双腿致残，《密勒氏评论报》也被查封，后在美日两国交换被俘外交官与新闻记者时获释返国。

与《大陆报》《密勒氏评论报》站在对立面的，不仅有保护英国与租界工部局利益的《字林西报》等西方媒体，更有日本在中国经营的几分英文报纸。其中日本“东方通讯社”在被日本外务省收编之后，迅速在中国开辟市场，并用低价出售信息的方法占领市场，到了北伐之后，包括《泰晤士报》《纽约时报》在内的绝大部分在华英文和中文报纸都与东方通讯社建立起了新闻合作业务。同时收购现有英文报纸也是日方的手段，除了在伪满、华北控制新闻界，日本在上海租界的触角也不可谓不长，其中日方控制的最有名上海西文报纸便是《远东评论》(*Far Eastern Review*)，其主编美国人李亚（G. B. Rea，1869—1986）刚来时是与密勒相似的左派媒体人，曾担任孙中山的顾问；《远东评论》一度也有中资介入表现反日的倾向，但1920年开始李亚态度突然反转，他的老搭档端纳与之分道扬镳，在美国情报部门的调查下发现，李亚已被日本政府收买。而正是这个李亚与《远东评论》自“九一八”开始便成为中国国际宣传最头疼的对手，在诸如“天羽声明”事件中以中立的口吻，极力维护日本侵略者，甚至李亚本人也做了伪满洲国的顾问。这种前后不一的政治态度，也让他的美国同侪在与之论战时显得格外激烈。

在战时宣传这样没有硝烟的战场上，权威的报纸不仅是阵地，更是决定胜利的武器。而在中国本土缺乏宣传资源的时候，寻找到可靠的帮手与专业人士加入，是战时国际宣传立于不败之地的关键因素。

如果说抗战期间，留存于文字与影像中的中国军民在战场内外的保家卫国的光辉事迹，足以让后人凭吊，那么那些在看不见的阵地上，进行国内国际宣传，以致争取外援与有利国际形势的战士们，则显得无声息得多。尽管他们中的大多数没有太过悲壮的经历与牺牲，且一开始就被视为政府精英加以保护，不过他们在战时宣传中所取得的成绩，依然值得大力表彰；他们镇守的看不见的阵地，同样是二战时中国战区重要的堡垒之一。正如《战场之外》作者极力还原的，中国整个近代宣传体系，就是在被迫面对冲突时，一点点地成长，积累经验，直到取得最终胜利，扭转了曾经一度存在的中国是个愚昧落后的国家的偏见，而把中国积极寻求自主独立、顽强抗击侵略者的英雄形象，逐渐传递给世界。在那看不见的阵地中所取得的战果，不仅是中国近代新闻事业进程中最为瞩目的胜利，也是全民族抗战宝贵的精神财富。

现代世界的国际宣传与暗地较劲，无疑比一个世纪前更为激动人心，现代媒体样式日新月异的更迭，或许已挤占了流传至今的传统纸媒的宣传空间，但这并不代表今天的技巧手法，一定远高过当年董显光、斯诺的时代。当今世界各国都在一种默契与陌生之间，寻求互相认识的平衡，尤其大国之间的龃龉与释怀，往往并不是具体分歧的出现或解决，而是期待某种精神层面的共识出现。就像服膺孙中山的密勒、鲍威尔们，最初并非一心要做远方他国人民的朋友，而是认可了20世纪初叶的中国模式、中国态度与精神。在“看不见的阵地”里寻求国与国精神上的沟通，以求“攻心为上”，依然可以被视为当代国际宣传的不二准绳。董显光回忆自己访日见到东乡平八郎（1848—1934）时，对方表示欢迎来研究日本海军：“请你们多注意我们的精神，其他都是次要的。”在看不见的宣传、交流的场域里，大部分时候也就是这样的。

高文彬与东吴大学法学院

陆其国

一

高文彬这个名字对不少人来说，也许会有点陌生，但如果知道他曾担任“东京审判”中方翻译，你就知道这个名字的不寻常了。

我曾看到高岚女士在朋友圈发她陪伴父亲高文彬出席上海海事大学百十庆典的照片，不由使我想起此前我和虹口区档案界同仁给当时已是九秩之龄的高文彬老人做影像档案和口述实录时，在虹口高老寓所一起畅叙的情景。当时高岚女士回国看望父亲，所以既成了我们的“顾问”，又一起加入畅聊。

高老 1922 年 12 月出生于上海，大学就读上海东吴大学法学院。共和国首任国际大法官倪征燠、小说家金庸皆曾就读该校，当时全校共 5 个班，但到临毕业时，因了各种原因，只剩一个半班，不到 20 名学生，而坚持下来的学生中就有高老。所以今天讲述高老与东吴大学法学院的故事，或可先从这所学校的创立说起，毕竟高老的人生，和这所学校有着重要渊源。

二

说起19世纪初叶创办于上海虹口的东吴大学法学院，首先得提及美国传教士林乐知于1882年在上海虹口昆山路创办中西书院。且说此前美国教会已在苏州办有存养书院，后改名博习书院。甲午战争后，吴地年轻人崇尚新学，于是苏州宫巷中西书院应时而兴。1899年，博习书院迁沪，与上海中西书院合并。翌年，改宫巷书院为东吴大学，校牌由有帝师之尊的翁同龢书写。1911年，因师资及经费问题，上海中西书院移并苏州东吴大学。后来利用上海中西书院虹口昆山路旧址，先后开办东吴第二中学及东吴大学法科。东吴大学法科即是后来的东吴大学法学院，系由美国人葛赉恩、薛伯赉、兰金等于1915年9月成立。

东吴大学隶属于中华基督教卫理公会，其前身为监理公会。此前教会大学从未开设过法科，东吴法科是为滥觞。从一份1915年的英文简章中，可以读到当年设立东吴法科的宗旨："设法科的宗旨乃是教授学生们世界各主要法律制度，使他们熟练掌握这些制度所包含的基本原理；另一个重要目的乃是培植学生们为中国未来新的及更完善的法律制度作出贡献。"可见东吴大学法科设立的积极意义及长远目光。

说起东吴法科的创立，可谓白手起家——一无资金，二无设备；上课也是利用东吴二中的教室。据当年曾在东吴法学院求学的谢颂三先生回忆："教会方面除拨付昆山路教会房屋的一部分租金作为办学津贴外，学校开支必须依靠自力维持下去。上海淞沪之役停止后不久，东吴二中迁移至浙江吴兴与东吴三中合并，法学院除使用整个旧中西书院房屋外，又将从教会房产部收回的昆山路103号洋房作为学生宿舍，所以学生人数因校舍的扩充增加甚多。”另据当年东吴大学校董之一，后在上海执业律师之职的李中道先生回忆：“（东吴）法科修业年限为三年，因入学前已读过二年大学，因此实际为五年。毕业后授予学士学位，经学校介绍可赴美国留学，也可直接进美国法律学院研究部门，一年后获法学硕士学位，二年后获法学博士学位。以此之故，很吸引了一批学生。”至于为何选择在上海设立东吴法科，诚如谢颂三所认为的：“上海是中国的商业经济中心。培植一批美国式的中国法律学生，对上海的美籍律师事务所、美国工商业及会审公廨都有利益，因为这些机构需要吸收美国化的中国大学生充当译员及帮办。”

东吴法科开办初期，名称为“中国比较法律学院”。但是“除了罗马法及摩西律（《圣经·旧约》的化名）外”，所用教材多为美国大学法律系所用原本。而事实上那时确实也很难找到一本有关中文法律方面的书，所以实际上所教的几乎全是英美法。可见取名“比较法律学院”，名实并不相符。这样的局面直到中国人长校，才开始有所改变——以中国法为主。

东吴法学院教学按照美国正式法律学院课程，自1914年起，“研究判例”法可以说就是一个主要方法，且几成唯一。取此法为“唯一”的理由是，认为“课本及讲义仅能使学生接受枯燥的抽象概念，而研究判例，可加强学生独立思考能力，从丰富多彩的人类社会和经济实践中推演出法律概念、原理和规则”。此法亦称“实例研究法”，在东吴法学院的具体教学上，即先把每个案件中甲乙双方事由说清楚，然后加以分析，再引用判例论断是非。也因为是美国式“自学辅导方法”，所以学生的英文基础必须扎实。考试时，由教员拟出若干虚拟案件，让考生进行分析，最后作出结论。

除此之外还有实习课——“型式法庭”。这门课尽管不计学分，但却是必修课。其具体内容为“参加辩论会，使学生们能应用议会法；并参加型式法庭，使学生们对法庭所采用的诉讼手续法能熟练应用”。这门实习课的诉讼程序，据知完全遵循当时会审公廨的做法，即开庭时由教务长自任会审官，同学分任推事、律师、翻译、证人等。审理进行时先传证人到庭，再由双方律师辩论，同时由翻译译成英文或中文。应届毕业生在举行毕业典礼之前，还要模拟“型式法庭”作公开演绎汇报，以检验教学成果。

还有一个现象应该一说的是，1925 年前，东吴大学董事部部长皆由外国人担任。1927 年国民政府颁布《外国人兴资办学条例》，东吴董事会中中国人的身影才开始多起来，校长亦由中国人杨永清担任。其时会审公廨几经改组，诉讼程序也渐次接近中国法庭形式，即除推事、检察官、律师、原被告、证人、执达员执行各项工作外，还须按各人所担任角色作出各项文书，如推事作判决书、检察官作起诉书、律师作答辩状等。再有东吴法科改组为法学院后，由中国人吴经熊担任法学院院长；经济上则仍接受教会补助。值得骄傲的是，在整整半个世纪中，东吴大学法学院曾培养出许多法律方面的人才，如曾在中央人民政府司法部任职的闵刚侯及著名国际法学家倪征燠，都是东吴法学院早期毕业生，后者还曾获得美国斯坦福大学法律研究院法学博士、美国约翰·霍浦金斯大学法学研究院荣誉研究员等学位，并当选为设于海牙的联合国国际法院法官。东吴大学首任华人校长杨永清，也曾在美国华盛顿大学学习法律，后来成为著名爱国外交家顾维钧的得力助手，深为顾器重。“九一八”事变后，杨永清先生曾说：“我虽不能荷枪抗日，也应提笔去抗击日本帝国主义。”太平洋战争爆发前，杨永清携家人赴美，在国际联盟中国代表团秘书处工作。联合国成立后，任中国外交人员，参加联合国工作。

在东吴有着重要地位和影响的美国人中，能说一口流利中国话的葛赉恩堪可当仁不让。他在任上海中西书院院长时，即以能“平衡学校经济”著称，而且中西书院与东吴合并，就是在他任东吴大学校长后完成的。1922年，葛赉恩离任回美，继任校长为传教士文乃史。后者供职东吴大学不下50年，能讲一口吴侬软语。在当年东吴大学校董之一，后在上海执业律师之职的李中道印象中，文乃史其人“有辩才，办事泼辣”。杨永清受聘长校后，文乃史以“顾问”身份，继续参与校政并从事教学。“抗战时期，当日军侵入上海并对租界当局施加压力的时候，文乃史积极支持东吴文理科迁往内地，并派董事会中文书记沈体兰先生前往内地襄助校务。”太平洋战争爆发后，文乃史曾被日军关入集中营。

1927年春，东吴法科更名为东吴法学院后，前文提到的首任院长吴经熊，即是东吴法科1920年毕业生。吴经熊毕业后曾留学美国密歇根大学和哈佛大学法学院，并获得法学博士学位。后游学欧洲。吴经熊回国后长校东吴法学院，重视宪法建设，曾开设“比较宪法自由讲座”，增辟研究所，合格者发给法律硕士学位。毫无疑问，在东吴法学院的求学经历，让中国莘莘学子因此开阔了眼界和拓展了知识面，尤其是在专业领域。比如谢颂三在谈及他在东吴法学院学到了什么时就说：“依照英美的法律道德，当事人向律师所讲的私房话律师须严守秘密，即使法庭要求公开，亦可拒绝，说是一种‘特许的谈话’，教徒向神甫所讲的亦属这一类的保密话。”又如“英美法（律）视私人财产为神圣不可侵犯的。当时

东吴大学法学院
教学楼

极大部分诉讼案件是财产债务纠纷，一切损失都可以用金钱数字来计算，连个人名誉、精神痛苦、失恋、离婚皆可借口提出赔偿损失，从几百元至几万元不等，依照被告的经济情况而定。”类似这样的事例，对于当时的国人而言，可谓闻所未闻。

三

现在可以重新回到高老的故事了。

高老说他从小时候读书起，就和英语结下了不解之缘。他清楚地记得，至少在读大学前，他其他学习成绩一般，但英语一直很好。高老大学四年在上海东吴大学法学院就读。坐落在虹口的这所学校，当年曾为中国培养了数百位学术精英。20世纪初叶，它被视为世界上最优秀的“比较法”（学生兼修英美法律体系与大陆法律体系，在学习中感受两种法系的异同）学院之一。那时学校的课程几乎有一半是英文课程，基本上由外国老师执教，有时也会请一些外国领事或大使来上课。老师会讲解英美法律体系，当然也会请国内专家讲解大陆法律体系。全校一共5个班级，当时正是抗战时期，时局动荡，社会不靖，加之英语学习的难度等原因，不少学生读不下去，最后只能中途退学。高老后来参加举世瞩目的远东国际军事法庭“东京审判”，无疑是他能够坚持到最后的原因。

远东国际军事法庭是根据1945年7月中、美、苏、英四国敦促日本无条件投降的《波茨坦公告》设立的。远东国际军事法庭除庭长外，还有中、英、美、加、苏、法、新、荷、印、菲等10个国家的法官。作为“盟国四强”之一的中国，也派出了曾获芝加哥大学法学博士学位、时年42岁的法官梅汝璈先生。同样参与“东京审判”的，还有中国检察官向哲浚。因为“东京审判”的需要，向哲浚专程到上海来物色英语翻译。当时的东吴大学教授，也是上海知名律师刘世芳，把高文彬和另外两名学生推荐给了向哲浚。

几天后，高老他们应约去锦江饭店面见向先生。在高老印象中，向先生看去为人谦和，一身学者气质。他很客气地接待了3名学生，还给他们每人冲了一杯咖啡。他问了3名学生一些各自家庭和学习情况后，递给他们每人一份中文报纸，然后指着他用笔划出的段落，要求他们当场翻译成英文。3名学生在规定时间翻译好后，他拿起大致看了下，然后朝三人点头微笑；接着又问了些问题，面试就算结束了。

一星期后，高文彬接到了书面通知，他被录取担任远东国际军事法庭中方翻译。高老至今记得，那年夏天来临的时候，他被一辆美国军用巴士送到上海江湾机场，然后乘上涡轮式美国军用运输机飞往日本东京。这也是他第一次出国。到了东京后，他被安排在远东国际军事法庭中国检察官办公室工作。每天早上8点半他就到办公室，收集整理日军侵华证据，并将那些沾满中国人鲜血的证词翻译成英文。当时美国、英国的检察官也都在这儿；法庭方面也在收集相关证据。就是在国际法庭检察处被盟军封存的档案中，高老在《东京日日新闻》(即今天的《每日新闻》)上发现了两个侵华日军比赛看谁杀中国人多的报道。这两个侵华日军一个叫向井敏明，一个叫野田毅。此前我国还从没报道过，因为没人知道。

于是他赶紧复印了几份，交给中国检察官首席顾问倪征燠，由他转给当时的南京审判日本战犯军事法庭庭长石美瑜。中方立即向盟军总部提出逮捕报道中的两个“百人斩”刽子手。当时这两个刽子手已离开部队，但他们最后还是被抓获，并被押回中国受审，最后经南京军事法庭审判后，被押到雨花台刑场枪决，受到了应有惩罚。

因为高老具有国际法的专业知识，不久就被提升为向哲浚先生的秘书。“东京审判”从 1946 年 5 月法庭开庭到 1948 年结束，历时两年七个月。这是世界历史上规模最大、历时最长的国际审判。其间法庭开庭 800 多次，英文庭审记录近 50000 页，包括日本在内的 12 个国家共有近 1500 人参与工作，对日军侵华、太平洋战争等罪行进行了控诉，判决书长达 1230 多页，法庭宣读判决书花了整整 7 天时间。当时中国代表团最多时只有 17 人，而长期在日本工作的不足 10 人。高老那时就像书本里的蠹虫，终日忙碌在法庭的审讯和书面证件的翻译准备中。由于他工作尽心尽责，受到向哲浚先生的赏识和信任。“东京审判”工作快结束的时候，曾有美方人员询问他愿不愿意去联合国工作，但被他谢绝了。一来他不想离开中国，他想回家；再则他也不想离开向浚哲先生，当时向浚哲让许多人都另行安排，就留高文彬一个人在他身边，直至随他一起回国任职，在国民政府外交部驻上海办事处担任一名专员。

四

1949 年国民党撤退时，高老没有去台湾。后来政府根据他的法律知识和从事过外事工作，又会英语，就安排他在上海军管会外事处工作。1952年，因受东吴大学一位被错打成“特嫌”的老师牵连，高老被逮捕，罪名是“盗窃国家机密”。先被判刑8年，关在上海提篮桥监狱；后被押送到大丰农场劳改；后来又转到江西鄱阳湖农场。

时间久了，管理人员知道了高老的经历，知道他精通英语，不少人对他的态度好了许多，有的甚至带有尊敬。那时农场会收到一些有关调查或人员调动方面涉及英语的内容，他们就会来找他翻译。那时候高老没有，也不敢想他是被冤枉的，应该写申诉材料。那时候只想着好好劳动改造，争取早点获得自由。

高老前后被关了27年，直到1979年才正式释放。当时上海海事大学外语系主任知道高老的情况，正好他们学校需要英语老师，就聘请他到上海海运学院（现上海海事大学）任教。高老在那里主讲国际海洋法和国际私法；还参与翻译了《国际公法译丛》《国际私法译丛》《国际法与技术转让》；参与编写《大众法学》《法律百科知识手册》等，这些书都已公开出版。另外20世纪90年代他还参加编纂《元照英美法字典》。当时国际上主要有两套法律体系并行，即大陆法和英美法。中国采用的是大陆法，英、美等国家运用英美法。随着国际交流的增多，尤其是中国“入世”之后，没有像英美法这样的工具书的中国法学家们未免有点不适。所以自1993年起，中国政法大学硕士薛波联络了一批原东吴大学早期毕业生，开始英美法词典的编纂工作；他知道东吴大学法学院就是讲英美法的，打听到高老在上海，就到上海来找到高老，后来就有了彼此的合作。高老负责以A、D、H为首的词条校订，北京方面会定期把经过英中对译的初稿送到他这里，然后再定期把他校订好的稿子取回。高老说，他们当时参考的是英国《牛津法律大词典》、美国《布莱克法律大词典》等6本像砖头一样厚的工具书。由于词典编纂在当时尚是个人行为，对方没有许诺任何报酬，而高老他们也没有计较，工作进展还算顺利，只是大家没有想到这个编纂过程差不多经历了10年。完成这本词典时，高老已是80岁的耄耋老人了。这本词典共收录了50000个词条、厚达1434页，编纂过程中有多位老人不幸离世，他们没能看到自己在生命的最后时刻所努力的成果，高老说，比起他们，他是幸运的。

高老学英美法许多年，编《元照英美法辞典》契合他的专业，能够参加这项工作他很高兴。这部辞典出版以后，一再加印，可见它受读者的欢迎程度。不少赴美留学生，也很喜欢这部辞典。这本辞典利用率很高。实际上高老后来参与编这部辞典时已经退休，只是他退休后一直在带研究生，一边参与编这部辞典。高老带研究生主要攻的学科就是国际法。完全退出职场后，高老也曾考虑过想写回忆录，但是身体情况已经不允许，他患过一场大病，康复后，医生一再叮嘱，以后用脑子的工作少做。他也就打消了写回忆录的念头。现在高老的生活很有规律，早起后，在家小迈步小走走，然后喝点牛奶或稀粥。接下来就看报看书，这个习惯一直保持到现今。

女儿高岚非常关爱父亲，她告诉我们，父亲身体还不错，现在一个人住在虹口，平时由一位阿姨多年在他身边照顾他。高家现在就她们姐妹二人，一个定居美国，一个定居澳洲，所以一年中见父亲的机会也不多。高岚还提到，向哲俊法官还是她父母结婚时的证婚人，他儿子向荣万也参加了那次婚礼，只是还很小。若干年过去，当高老蒙冤失去自由后，许多人和高家避之唯恐不及，但是向荣万每年都会来看望高老的父亲。还有当上联合国大法官的倪征燠，在高老入狱后，也继续和高家保持来往，关心高家老人和孩子。

高岚生于1951年，第二年父亲进监狱；不久妹妹出生。高老妻子因不堪压力，和高老离婚。母亲带走了妹妹，高岚随爷爷奶奶一起生活。难怪高岚说她从小就没有体验到父母的爱。

高老回到上海时，高岚30岁了，这时她才对父亲有了了解，并敬佩父亲。经历那么多年苦难，从来没有抱怨，爱国之心一直不变。

高岚在江西插队时，高老正在农场学校教英语，知道女儿在自学英语，他经常会把给学生做的考卷寄给她，让她做完后再寄给他批阅。正因为有父亲的指点，高岚学好了英语，被调到一家厂校当教师。

高老获得自由时，政策规定，如有家属在上海并提出申请，他可以回上海。但是当时高岚和妹妹都不在上海，高老又没有配偶，所幸上海海运学院及时聘请高老，他这才终于回到上海。

光阴似箭，随着高老年华老去，身边没有子女，而上海海运学院又需要英语老师，经高老提出，学校对已从吉安师范毕业的高岚的英语进行考察后，这对父女在1980年成为同事。

高先生甚为满意的一张照片
（楼定和　摄）

《元照英美法词典》封面

之后高岚又考上华师大夜大，并拿到学士学位。当时高老正应邀赴美国，在缅因州法学院做访问教授；一年后又去加州黑斯庭法学院讲学。高岚那时也在申请赴美读研究生。高老从美国回来后，知道女儿的想法，非常支持，终于使她美梦成真。

那天我们和高老及高岚女士聊得很愉快，临告辞，高老还意犹未尽地约我们以后再来相叙。

不料 2020 年 9 月，“远东国际审判庭”唯一健在的亲历者和见证者高文彬老人终于走到了他生命的尽头，我们与高老到底没能再次相叙。在此祝他老人家安息。

猛将弄

朱明川

在上海市虹口区吴淞路海宁路口，长安里的北面，有条单向道的小弄堂。在近年的旧城改造之前，弄堂的入口上曾写有“猛将弄”三个字。

猛将弄因神得名。这条弄堂中原有一座猛将堂，奉祀驱蝗神“刘猛将”。江南地区的神灵众多，几乎每个县

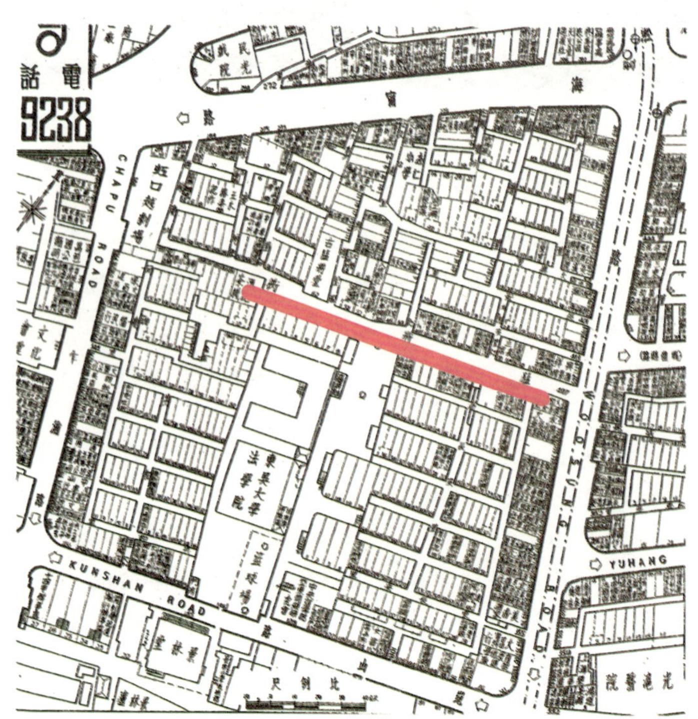

猛将弄及猛将堂地图

镇都有属于自己的独特神灵。就今日的上海地区而言，如松江的昭天侯杨大神和青浦的施相公，他们在上海西郊有众多的拥趸，但到了隔壁苏州便已不为人所知；钦公菩萨在浦东的沿海地带香火繁盛，在浦西则难觅踪迹。刘猛将与上述诸神不同，他诞生于江南，又曾得到全国各地人民的供奉。时至今日，虽然农业人口比重已远不如昔时，抵抗蝗灾也不再只靠烧香拜神；但是刘猛将的信徒依旧众多，其信仰圈横跨吴越，遍及苏浙沪三地。上海城中的猛将弄，承载的不仅是本地民俗，也是江南文化，更曾是全国信仰。

刘猛将是谁？日本学者滨岛敦俊认为，在明中晚期之前，驱蝗神、猛将神和刘姓神是江南地区同时存在的3种不同神灵，猛将本不姓刘。明初的《洪武苏州府志》记载，当地有“吉祥王庙，在西中街路。景定（宋理宗年号）间因瓦塔而创，神姓刘也”。但到了百年之后的正德年间，《姑苏志》中同样的庙的记录就变成了“猛将庙，在中街仁风坊之北，景定间因瓦塔而创。神姓刘名锐，或云即宋名将刘锜弟，尝为先锋，陷敌保土者也。尝封吉祥王，故庙亦名吉祥庵。互见寺观”。可见，这刘姓神灵南宋时便已存在，而在明初以来的百余年间，猛将神与刘姓神在身份上产生了重叠。

方志中记载说刘猛将的名字可能是“刘锐”或“刘锜”，此二者皆是抗击外族侵略者而死的烈士，事迹见于正史。《宋史》卷三百六十六有《刘锜传》，记述刘锜为抗金战争中的勇将。《宋史》卷四百四十九的《刘锐传》说刘锐为南宋士大夫，在理宗朝担任知州，端平元年（1234年）蒙古人进攻陕西时，他举家殉国。清代的江南文人或采信此说，或提出其他观点。苏州人顾震涛（1790—？）在《吴门表隐》（1834年）中记载："瓦塔在宋仙洲巷吉祥庵。宋景定间建，即大猛将堂。神姓刘名锐，端平三年（1236年）知文州，死元兵难。亦作刘武穆锜，冯班做刘信叔，又作刘鞈，又作南唐刘仁瞻。有'吉祥上义中天王'之风，旁列八蜡神像……"常熟人王应奎（1684—1759）《柳南随笔》卷二载："南宋刘宰漫塘，金坛人。俗传死而为神，职掌蝗蝻，呼为猛将。江以南多专祠，春秋祷赛，则蝗不为灾。而丐户奉之尤谨，殊不可解。"他们已罗列出了刘锐、刘锜、刘鞈、刘仁瞻、刘宰在内的诸多名字。清人姚福钧所著的《铸鼎余闻》卷三引《怡庵杂录》记载："景定四年（1263年），上敕封刘锜为扬威侯天曹猛将之神，蝗遂殄灭。"此中提及的刘猛将得到宋理宗敕封之事殊不可考，不见于史籍，"扬威侯"或为民间附会出的称号。直到清雍正年间，刘猛将才明确地出现在祀典之中，以一个崭新的名字，成为官方认可的神灵。

官方文件《清通典》中记录的刘猛将，名为刘承忠。清初嘉兴人李维钧在直隶为官，当蝗灾过境时，他想起了故乡江南一带崇拜刘猛将的习俗，便向刘猛将祈祷，蝗灾果然平息。然而，这种江南地区流行的信仰在当时是不能被官方接受的。在之前的康熙二十五年（1686年），刘猛将崇拜曾被官府视为淫祀，横遭取缔；此外，刘锐、刘锜都是抗击少数民族政权的汉人烈士，这也是清廷不愿看到的。李维钧深谙官场之道，雍正二年时已成为首任直隶总督。他向皇帝上奏，自称以通灵之法与刘猛将沟通，刘猛将向他自述身世，自称名为刘承忠，是元代吴川（今属广东湛江）人，其父刘甲为元顺帝时名将。刘承忠元末担任指挥使，“适江淮千里，飞蝗遍野，挥剑追逐。须臾，蝗飞境外”。在元朝政府失势之后，他跳河自杀殉节以示忠诚。扶乩降灵之术历来多荒诞不经，这刘承忠的事迹不见于任何史书，可谓是李维钧的一大发明。于是，本来抗击金元的汉人忠烈变成了元末为外族殉节的顺民。

这个版本的传说当然更符合满清的意志，于是雍正帝下令把刘猛将列入祀典，要求各府州县兴建庙宇以祀之，甚至在北京西郊的皇家园林畅春园中为刘猛将专门立庙。按照《清实录》记载，后来的乾隆皇帝还亲赴庙中致祭。嘉庆年间官修《大清通礼》卷十六记载了祭祀刘猛将的礼仪，要求地方官亲自参与祭祀：“猛将军刘承忠，于各直省府州县致祭之礼：每岁春秋所在守土官具祝文、香帛，羊一、豕一、尊一、爵三，陈设祠内如式。质明，守土正官一人，朝服诣祠，行礼仪节与直省祭关帝庙同。”刘猛将的待遇已与关公一样了。此后历朝对刘猛将屡有加封，到光绪十二年（1886 年）时，刘猛将的封号字数极多，全称为“保康普佑显应灵惠襄济翊化灵孚刘猛将军”。

李维钧制造出的刘承忠最能符合上意，获得清政府大力支持，从而走出江南走向全国。不过，对于这个来历不明的刘承忠，江南人并不买账，官方版本的刘猛将传说并未能取代原有的刘锜、刘锐、刘鞈等其他原型。满清政府喜爱刘猛将之“忠”，所以附会出这样一个为蒙元殉节的汉人武将传说。江南百姓更喜欢的是刘猛将的“猛”。按照传统认知，戏台上、画本中的威猛武将，大多怒发冲冠、苍髯如戟，如张飞、程咬金等。江南地区最常见的刘猛将神像则与常人的刻板印象相去甚远，看起来像是个面目清秀的少年剑客，反倒不像是戎马一生的将军。百姓往往不关心地方志和文人笔记中的历史考证，更不在乎政府的意识形态宣传。刘猛将为谁尽忠并不重要，乡间流传的刘猛将故事既不悲壮，也不涉及政治意涵；这不是英雄史诗，只是一个普通少年的魔幻往事。比如明万历年间宋楙澄记录，“称刘为青龙镇人，困于后母，乘潮溺死，故披发不冠。”青龙镇位于青浦，是唐宋时期的巨型港口市镇。刘猛将只是江南人家的普通人，而溺亡少年因其死后凶猛的“厉气”而得到供奉之事也符合江南祠神的产生规律。相比于假大空的英雄传说，江南少年的形象显然更能赢取地方信众的好感。

清代以来流行于江南的通俗文学讲唱文本《猛将宝卷》中的故事情节有部分与前者重合，但结局更为乐观，对其威猛事迹的描写也更为详细生动。其中写道刘猛将生于上海县的普通人家，他曾受到后妈虐待，但是在得到天书宝剑金盔金甲之后，他揭皇榜，斩杀蝗虫拯救万

民国时期上海石印本《猛将宝卷》

民，最终不但得到皇帝的接见，还受封天界，成为神灵。

许多刘猛将神像都系着红头巾。其中缘由众说纷纭，或曰刘猛将的头曾被后妈打破，或曰刘猛将在追逐蝗虫时冲得太快跌破了脑袋，所以鲜血染红了包扎头部的布帕。这类传说无疑使得刘猛将的形象更为有血有肉，但其实在整个中国南方地区的宗教语境中，“红布扎头”本就代表着一种降妖除魔的驱邪法力。祛魔仪式与雷法是江南道教的特色，而凶猛的神将正是雷法的核心。苏州道士会在仪式中召请刘猛将协助施法。

乡间的祭仪更能体现刘猛将崇拜的特色。近人多认为江南人文弱，俨然忘记吴越之地曾经盛产武德充沛、断发文身的猛男。刘猛将的祭仪不求文质彬彬循规蹈矩，这是一场江南田间地头的狂野嘉年华。祭祀猛将的庆典

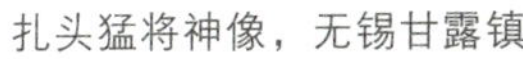
扎头猛将神像，无锡甘露镇

通常集中在正月和七月，七月的“青苗会”是为了祈求猛将保佑庄稼丰收；正月的第十三日传说为刘猛将的诞辰日，在这一天官府会派人到庙致祭。不过在此之前，民众的狂欢早已开始。顾禄《清嘉录》载：“前后数日，各乡村民，击牲献醴，抬像游街，以赛猛将之神，谓之‘待猛将’。穹窿山一带，农人弁猛将，奔走如飞，倾跌为乐，不为慢亵。”在东太湖流域，猛将堂、猛将龛遍布各处。仅太湖畔的吴县东山乡，在民国时期便有大小猛将庙百余座，各村落祭祀猛将的习俗传承至今。春节刚过，各村乡民们便用轿子抬着自家村庙里的猛将神像巡游。那抬神轿的都是村中的壮汉，昂首阔步赤膊上阵，那神轿开始左右摆动，又被抛起接下。当巡游的队伍到达田边的山岭上时，壮汉们背起各自村中的猛将神像一齐向山下的终点冲去，第一名可将全乡最大的那尊猛将神像迎回自家村中供奉。以往的迎神赛会往往要求庄严肃穆，迎赛刘猛将则不必讲求这些，威猛更为重要。田地间的奔跑免不了会磕碰跌倒，但是无论是参与者头破血流还是神像被摔得满身泥泞七零八落，大家都不会觉得亵渎不敬，反而相信猛将跌倒的田地会有更好的收成。

那游行的队伍中除却神轿之外，尚有铜锣大鼓，前锋开道。又有诸色仪仗旗纛、乐队舞蹈、舞龙、打莲湘等。沿途的人家商铺纷纷设香案礼拜，左近居民集聚在道路两旁，观者塞途。除了陆上的村民之外，太湖流域的船家渔民也视刘猛将为保护神，他们祭祀猛将的庙会同样宏大，每年清明、农历八月十三，长三角的船民们从各地出发，驾船抵达嘉兴王江泾的莲泗荡赴会，这些渔船多为小型的丝网船，所以该地水面上的猛将庙会

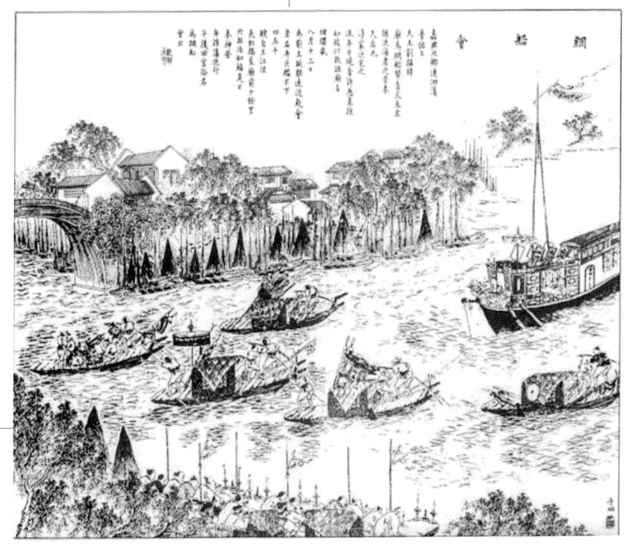

《点石斋画报》中渔民祭祀刘猛将的“网船会”

也被称“网船会”。该传统大约兴起于清咸丰年间，光绪十二年（1886年）《点石斋画报》的有《网船会》图文：“远近赴会者扁舟巨船不下四五千艘，自王江泾长虹桥至庙前十余里内，排泊如鳞，是日奉神登舟，挨荡巡行，年后回宫。”五湖四海的人们不仅在庙会中祭神祈愿，兼可趁机交易买卖，形成独特的水上集市。据说民国三十七年（1948年）春季的庙会中，竟有“五十万人虔诚顶礼”，场面颇为壮观。

吴语中有“轧闹猛”一词，指人群热衷扎堆围观凑热闹。该词或许源出于猛将祭祀活动。按照本义，猛将庙会中参与者与围观者众多，人们暂时摆脱压抑与束缚，沉浸于狂欢，这是最原生态的扎堆凑热闹。百姓们对“猛”的向往，体现了民众的朴素情感需求，而刘猛将庙会无疑为此提供了绝佳的机会和平台。

上海有诸多奉祀刘猛将的神龛祠庙。至1949年前，上海县、新泾区、龙华区内统计有218处各类庙祠，其中供奉猛将的祠庙占30处。城内的猛将庙原位于陈士安桥街上，后迁往城隍庙西边，最终在20世纪初的一场火灾中毁于一旦。此后人们在吴淞路附近重修“猛将堂”一座，而堂前的小路也因之得名为“猛将弄”。据民间传说，清末时，流行于广东的博彩行业传入上海，吸引了

今日猛将弄

大量赌客。赌客们取“猛将”一词谐音“梦奖”，纷纷来此烧香，希望真的能够梦想成真，高中头奖，猛将弄因此也曾人声鼎沸。现在，猛将堂早已不存，此前在巷口尚存有“猛将弄”三字的招牌，在近两年的旧城改造中也已被拆去，笔者在2021年初到访时，再也看不到关于这条弄堂的任何字迹标识，只能从街坊的口中得知此地早先的风貌。

不过，刘猛将在上海的香火并未断绝，在虹口下海庙、浦东钦赐仰殿、三林崇福道院、松江东岳庙等知名庙宇中，我们仍能看到他在接受信众的顶礼膜拜；在郊区，各式各样的猛将堂更是十分多见。

虹口区江湾镇的猛将出巡曾经十分知名，江湾万安路的景德观曾专门有殿宇供奉刘猛将，当地传说猛将名为前文中所提及的刘锜。江湾庙会规模之大远近闻名，民国时期甚至吸引了诸多外地游客乘火车前去“轧闹猛”。在近几十年的社会巨变中，同猛将弄中的猛将堂一样，江湾的庙宇也已不存，但是信仰却幸存了下来。虹口区政本路上的内环高架桥下，有法善庵。该庵正殿供奉佛祖，侧殿供奉名为“江湾刘老爷”的神像，原来江湾的刘猛将已迁移到了此处。笔者曾在2016年夏末至法善庵拜访住持体圣法师，法师回忆说江湾的刘猛将神像原已毁于文革，法善庵前任住持试图保全其香火，将牌位迁来供奉。于是刘猛将托庇于佛寺在此安家，江湾的信众也有了新的去处。沉寂多年的信仰由此复兴，人们蜂拥而至，侧殿中的刘猛将竟比正殿中的佛祖更受欢迎。法善庵为比丘尼道场，是佛门清净之地；但是，以猛将之“猛”，本当以血食祀之。据说直到20世纪末，香客们还是依照旧俗，携带酒肉荤食前来祭拜。在最近十几年中，此地的刘猛将受佛法熏习，逐渐被迫吃上了素。体圣法师接任住持之后，遵从师命，在21世纪初塑造了新的神像。然而，或许由于原有的神像没有留下照片，匠人们塑造的新神像与刘猛将通常的持剑少年形象并不相符，为身着明代和清代文官服饰的中年男性。不过，形象上的偏差并没有影响到信众的热情，在每月的初一、十五，法善庵内香烟缭绕，人流络绎不绝，人群需要排队才能踏入供奉刘猛将的神殿，更时常有许愿灵验者送来锦旗答谢猛将的神恩。在现代化大都市的一角，最原初的“轧闹猛”正以新形态存在着。

屹立虹口百年的善导女校

陈嘉仁

虹口北外滩如今已成为上海炙手可热的城市新标签。处于其中心的昆山路，全长不到半公里，这里的故事却

现在的昆山路 224 号

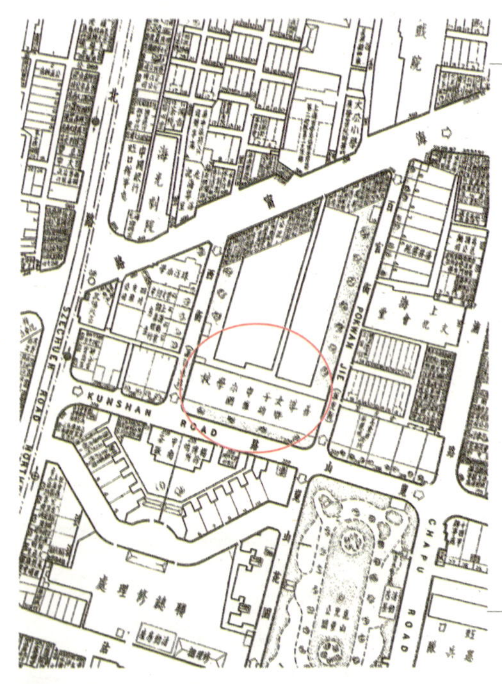

1947 年上海市行号地图中标注的善导女子中小学校

值得深究回味一番。

昆山路 224 号上大大的落地窗户，保证了充足的采光，一整排规则划分的空间，不难想象这幢楼曾是教学楼。根据档案记录在 1950 年的调查表中，山坳女校的占地面积约 3.8 亩 ①。1952 年政府接管前，这里曾是善导女子中小学。政府接管后学校进行调整，成为后来的海宁路第一小学和上海市第五女子初级中学，初中部随即迁出昆山路。

① 上海档案馆：《教会学校经济情况调查表》（1950 年 10 月），档案编号：B105-1348-8。

善导学堂的创办

善导学堂的创始人是来自法国的多明我·马兰白修女（Mother St. Dominic，1842—1926）[①]。她所在的修会是拯亡会（英语 Helpers of the Holy Souls/ 法语 Auxiliatrices），由出身法国里尔镇的欧仁妮（Eugenie Smet，1825—1871）[②] 在耶稣会士的支持下[③]，于 1856 年在巴黎成立。

19 世纪的法国社会，已有一部分妇女开始为自己争取公民的权利，但在传统风俗的桎梏下，抛头露面做事的妇女，最好的身份仍是成为修女。大革命后，当权者对修女会的宽容，让更多妇女找到了在社会中发挥影响力的方式。欧仁妮正是在这样的大环境中创立了拯亡会，并且以帮助他人、救赎炼灵的宗旨吸引了法国的年轻女孩加入她的修会。其中就包括了多明我·马兰白修女，她加入修会后不久，便被派到上海。29 岁的她到上海的首站是洋泾浜的若瑟院，凭借出色的社交能力和执行力，她领导了若瑟学堂不断扩张和发展。凭借着在若瑟院的积累，多明我修女得以在虹口创办圣家院。

1858—1859 年，耶稣会成为江南地区教会的中流砥柱。来华的耶稣会士都受过良好的教育，但是他们所受

---

① 多明我是教名，在入会前本名是欧仁妮·德·马兰白（Eugénie de Maurepas），出身于法国旧贵族家庭。

② 她的本名另有译做欧仁·斯梅。教名上智玛利亚姆姆（Mother Mary of Providence），法文教名为：Marie de la Providence，另有中文译名为真福主顾玛利亚姆姆。

③ 在成立修会的过程中，会祖选择接受与耶稣会相同的依纳爵·罗耀拉（Ignatius Loyola，1491—1556）所提倡的灵修方式，打破了默观与行动的分立，创建了新的理解祈祷的方式。

多明我·马兰白
修女年轻时旧照

的培养并不适合应用到基础教育中。而且，很多来华的耶稣会士的志趣并不在此。在第二次入华后，按照他们的计划，应该延续耶稣会在中国的传统，继续发展人文教育与科学事业。对教会而言，让耶稣会士直接去给中国小孩扫盲，实在是“大材小用”。派往上海的耶稣会士都来自法国巴黎省的耶稣会，于是他们想回到法国找帮手。19 世纪的法国，投身基础教育的主力军是修女，她们不仅经验丰富，而且数量众多①。于是，1867 年，郎怀

① 法国是传统意义上的天主教地区，虽经历了大革命，法国人对信仰生活的态度有了微妙的转变，也对信仰有了新的反思。境内的神职人员需直面这些改变，还要时刻迎接来自新教的挑战。与此同时，传统教会的中间力量——无论是修会的修士，或是教区的主教，不得不周旋于以罗马梵蒂冈为首的圣统制与立志于整合民族国家的政权力量之间的张力，这必然使得他们应接不暇。但促成了法国修女会涉足教育领域的发展。1863 年法国女修会拥有法国 63%—65% 的教育机构，1876 年的法国每 100 位教师中，有 65 位是修女，总共有将近 6 万名修女从事教育活动。参见 Gérard Cholvy，*Le XIX*[e]：*Grand Siècle des religieuses françaises*，Perpignan：Artège，2012：p.101。

仁（Adrianus Languillat，1808—1878）[①]以江南代牧区主教的身份前往罗马开会，此行中他的另一项使命是邀请法国修女到上海开展基础教育的工作。

最终被耶稣会邀请到上海的是不在郎怀仁计划中的拯亡会。[②]这个年轻的修会成为天主教在江南地区开办女校的最主要和最重要的团体。而在上海以外，作为国际修会的拯亡会没有在其他任何地方主办过女校[③]。

住院与学堂

19世纪的修女必须守着教会对她们的禁闭规定，到上海的修女首先要建立住院，再开展其他的工作。修女住院一般设有围墙，提醒修女需要与世隔离进行修行，但是教会的机构需要发展，就不能将修女的禁闭令视为是铁板钉钉子的死规定。从实际情况出发，办教育的修

① 郎怀仁，字厚甫，法国人，1851年任上海徐家汇耶稣会祝愿院长、副主教。

② 1867年，当郎怀仁到巴黎时，与耶稣会巴黎省长谈论要邀请欧洲修女到江南时，他一心所想的还是专事教育的夏尔特尔圣保禄女修会（法语 Soeurs de St Paul de Chartres/ 英语 Sisters of Charity of St. Paul）和圣心会（法语 Dames du Sacré-Cœur de Jésus/ 英语 Society of the Sacred Heart of Jesus Provincial House）。令他失望的是，前者因为与传信部有争执，不能到上海，后者还未能给予明确的答复。此时，欧仁妮因为挂念于1866年任洋泾浜堂的院长兼修会和教区总账房主管的苏念澄，恰巧拜访了巴黎耶稣会的省会长，由此结识了郎主教。而郎主教在省会长的鼓励之下，竟连续两日拜访拯亡会，最后成功号召拯亡会的修女到了上海。

③ 会祖欧仁妮在创会过程中，曾因为不愿意接受巴黎司铎的提议，拒绝办校，失去了原本的支持，而错失了成立修会的良机，自己在单独创会的道路上艰难前行，最终得以成立不事教育的拯亡会。

女有独特的工作环境，为了便于她们与学生及其家长沟通，她们不会被要求遵守特别严格的禁闭规定。更何况在中国——这个当时与欧洲差别巨大的国度，为了适应上海当地的情况，拯亡会在很多方面都必须积极调整。

前文以及提到，拯亡会能在公共租界开办第三个住院①，与她们在洋泾浜的事业有关。上海的拯亡会于1871年，在洋泾浜建立住院，若瑟书院的成功，让她们在外侨中有良好的声誉。当时上海没有其他的欧洲式的女校，定居在苏州河以北的葡萄牙和西班牙侨民没有太多的选择，不少家长慕名而来，将孩子送到若瑟学堂学习，随着生源的不断增长，拯亡会的修女收到在上海的外侨家长的邀请，请她们在公共租界开办新的住院和学堂。

1893年8月，圣家院的团体进入前西班牙领事的官邸，这个小洋楼坐落于武昌路1号，最初的虹口拯亡会所创的学堂就在这个小楼里，除了教室外，其余部分是修女的住院。当时称圣家书院（法语l'Institution de la Ste Famille/英语the Institute of Holy Family），是虹口天主教女校的开始。

拯亡会团体一开始所办的圣家书院，是收取高昂学费的外侨学校，在书院开办的同时，修女们利用学费在住院旁开办一些外学堂（即走读学校）和免费的施诊所，

① 1867年拯亡会首批的两位修女到达上海，次年，郎怀仁在耶稣会住院所依的肇嘉浜东岸，建拯亡会在上海的总会院徐汇圣母院（法语Sen Mou Yeu/英语Helpers of Holy Souls Convent）。1871年，拯亡会在洋泾浜建立了在上海的第二个住院：若瑟院（法语Institution St. Joseph/英语St. Joseph's Convent）。虹口的圣家院是拯亡会的第三个住院。

1893 年初期的圣家院

让周围的中国女孩有书读，也能得到医治。根据档案记录，除了为侨民办学以外，圣家院的拯亡会中国修女在虹口负责了 5 所中文学校和 4 家施诊所。

与此同时，拯亡会修女和附近的葡萄牙妇人还一起开办收养贫穷葡萄牙女孩、欧亚混儿和其他混血儿的孤儿院①，这也是圣家院最早的一个福利机构。无论在外侨人或是本土的中国人眼中，对于非婚所生的孩子以及混血儿都有歧视，随着女孩的增多，圣家院为她们开办与之配套的免费小学②。一些女孩若是愿意，可以加入拯亡

① 根据拯亡会档案记录，该孤儿院名为 Ste Anne Notre Dame de la Merci。

② 根据拯亡会档案记录，这两所学校分别是，女校 École Ste Anne 和男校 l'Ecole de l'Enfant Jésus。

在建中的欧洲儿童的托儿所

会的第三修会①。1915年，圣家院又买了公共租界的地，在Ezra Road（今沙市二路）18号上造楼，开办了欧洲儿童托儿所（Crèche Ste Monique）。这些学校为上海外侨女孩提供了从小到大较为完整的教育。

以圣家院为中心，有很多妇女组织在拯亡会的领导下投入这个社区的建设，帮助社区里的妇女儿童和穷人，在那里结成了社团，每周三附近的妇女聚会，制作手工

① “上海拯亡会修女有‘姆姆’和‘二等阿姊’之分……还有‘三等阿姊’。洋泾浜和虹口拯亡会开办的孤儿院中的外国或欧亚混血孤女，如入拯亡会，就称‘三等阿姊’，但她们在待遇上超过二等阿姊，甚至比中国姆姆也好得多。”阮仁泽、高振农主编：《上海宗教史》，上海人民出版社1992年版，第678页。

1927 年 1 月，中华书局推出的《袖珍最新上海地图》，标注了宝山路上的天主教女校

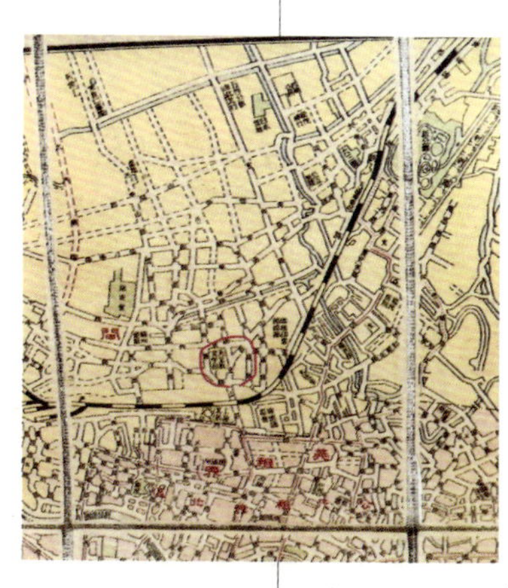

分发给穷困的孩子，还专门成立了一个慈善团体（Ligue de Charité）[①]。1925 年，圣家院的团体又专门为葡萄牙人办了一所葡萄牙外侨小学圣德肋撒学校（l'Ecole Ste Thérèse de l'Enfant-Jésus pour les Portugais）。在这些学校里，为不同地方来的孩子设置了相应的母语课，在租界有限的地界内，学校是各有一方天地的大世界。

1893 年，在武昌路的圣家院由于学生人数增长过快，需要扩建学校。于是，在多方交涉和考量下，学校扩建到了河南北路 20 号。1903 年，这里还是过于狭小，

① 参见 Mission du Kiang-Nan 1867—1925: Aperçu sur les œuvres des religieuses Auxiliatrices des Ames du Purgatoire, pp.58—65，拯亡会档案 30CH2。

转而在距离虹口不远的街区，现属闸北的宝山路上重新买了更大的地。1906 年，团体搬到宝山路上的新大楼。

学校的调整

根据法国拯亡会的档案记录，被交接的外侨学校并不只教法语。圣家院坐落于上海的公共租界，当时有很多葡萄牙孩子定居在那里，所以圣家书院是教授英文、法文和葡萄牙语的外侨学校。开办的第一年就有 208 位学生注册，圣家院的学堂里宗教信仰十分多元化，除了有天主教的信徒意外，新教、东正教以及非基督宗教的学生都可以在那里就读。这所修女办的教会学校在 1923 年的统计中显示，当时 300 多位学生有 17 个不同的国籍①，是真正意义上的世界性的学校。

1893—1926 年的 30 余年间，是圣家院发展较为顺利的时期。从 1927 年开始，无论是中共领导的北伐，还是 5 年后，日军挑起的 1932 年“一·二八”事变，都让虹口沦为战场。战事给圣家院和女校的发展，带去了无法想象的波折。宝山路的新校舍伴随战事，在 1927 年全部被炸成了废墟。现在我们只能从拯亡会档案中的老照片中看到它当时气派的模样了。

除了战事以外，圣家院内部也开始进行调整。这里就牵涉到另一桩往事，是有关上海天主教界在 20 世纪初对于教会女校的调整。1927 年圣家院的校园被毁后，拯亡会的修女暂时借住其他住院。后来根据当时上海教区

① 拯亡会档案 11CH1 统计。

扩建后的圣家院，图片为 1921 年时所摄

上层的决定，将圣家院中与外侨相关的教育全部交接给圣心会修女管理。自此以后，拯亡会虽然不再是在上海办女校的唯一的天主教女修会，但是她们重新整合资源，全力投入到改善中国女孩生活的事业中。

重新调整后的圣家院将全部的注意力都放到了她们开办的中文学校，从拯亡会的档案记录中，可确定拯亡会的中国修女管理的 5 所学校中，有圣心堂的堂区小学，以及圣家院附属小学校，其他的具体情况还有待挖掘。很有可能一些小学校因为存在时间短，没有名字；或是一些由教友自办的学堂，后来因无人照管，就被堂区托管给了拯亡会的修女。从目前已有的材料很难确定这些学校的具体情况，但可以肯定的是，1927 年交接后，圣家院的团体整合了所有她们管理的中文学校。

1928年，虹口拯亡会的团体借到了百官街东面的一部分房屋，作为教室。后来因为“一·二八”事变，虹口的善导学堂从1933年开始停办，这一停便到了1937年的淞沪会战大爆发，上海沦陷。1939年战火开始逐渐离开上海，学堂得以复办，教会以百官街西面大部分房屋出借用以办学，抗日战争时期，大部分房屋损害严重，经过数年修理，才最终有了《老上海百业指南》中的规模。

圣家院的教会学校特点

通常人们会认为教会学校的发展有着一些“特权”，例如有教会的支持，可以长时间得到资助，在教学和管理上比较自由或独断，因而学校的发展顺风顺水。但是圣家院的历史远比想象中跌宕起伏，在这所近代创办的女校身上，我们看到中国教育转型之际，兴学的不易。鸦片战争后，基督宗教的传教策略都瞄准了女学这一百废待兴的教育事业，希望通过筹办女校，改变社会中人们对外来宗教的排斥和偏见。这也意味着，教会学校在适应当时的社会环境的同时，要带给人们一些“新”的认识，挑战一些“旧”的思想。20世纪上半叶的上海，风起云涌，圣家院的办学团体所获资助和相对的自由，必须运用到调整办学中去，才能让学校继续教育活动。

圣家院的生源是办学的根本，学生的人数增长，意味着收入更多的学费。这笔钱会被用来建造校舍、采购设备，维持机构的日常运作，包括维修、供暖、空调，以及作为薪酬支付给外聘的教师。由此可见，学校的生源直接关系到整个机构的运作。圣家院十分重视维护学校的声誉，再加上她与非教会学校的区别就在于，拯亡会的修女们还需要进行社会公益活动，以获得更多的好感与认可。这些社会公益就包括了为混血儿创办免费的学校，为穷人家的孩子办免费的中文经言小学堂，开放免费的施药房给周围社区的人。这种先办校，再用学费进行慈善活动的模式，是拯亡会在上海办校的特色。

教会所办的经言学校一直被认为为宣教服务。在此，以圣家院办的学校为例，对天主教办校作一些补充性的评价。民国元年，教育部规定了各级学校的学制。此时，距离天主教在上海办小学，已有将近半个世纪。办女校的主体是天主教修女，她们有为传教服务的使命，会在自己的住院和堂区附近，开设规模较小，甚至偶尔是临时存在的学堂。在这些学堂中，她们会希望教会孩子祈祷的经文。但是，修女们很快就发现，这并不是一件简单的事情，因为绝大多数的中国女孩并不识字，而且她们也不清楚到学堂里来对她们的生活会有何影响，因此在学校刚开办的时候中国女孩的积极性并不高，学校也鲜少有人问津。于是，修女们就调整了她们的目标，想要先帮助孩子们建立起定期到学堂的习惯。在周末将穷人家的女孩组织起来，好学的孩子可以有一个识字的机会，不愿学习的孩子也可以暂时摆脱家庭工作的负担。后来，这些学堂在教授经文的同时，也逐渐找到她们想要交流和学习的内容，诵读经文是其次，最重要的是学会看图和一些手工技能，便于今后的谋生，学堂也就变成妇女儿童聚会和得到帮助的场所。这是一部分女校的转变历程。还有一部分小学，则根据来校学生的情况，会另行调整。近代教育资源不均衡的问题，无论是信徒

善导负责的学堂，左为经言学堂

还是非信徒，都会就近上学。教会学校对信徒和非信徒家庭出身的学生会一视同仁，而读经班或是宗教课程就需要附设，且遵循自愿的原则，学校中主要的课程紧随社会主流要求。

我们在评价这些经言学校的时候，不能一味看到宗教性的那面，而忽略这些学校在改变近代妇女儿童生活中贴近实际生活的那一个面向。重视实际正是天主教在华办基础教育的根本，是天主教小学校持续发展的基础。在上海解放前，市区中天主教办的男女小学共有 30 所之多。①

既然已经提及经言学校的转变，那么我们也不难发现，圣家院不仅发挥了现代意义上学校的功能，还在近代

① 《上海宗教史》，第 686 页。

中国社会中为妇女们创造了活动空间。修女的住院及附属机构扩大建筑规模，可以容纳更多的人，也可以让更多的人在其中活动。当有人向教会或是修女求助时，拯亡会的修女会牵头，动员附近堂区中的信徒、住院学校的学生及其家长联合起来，让社区中的人参与住院附近的公益活动。集中资源和统一筹划，为更多人提供帮助，从而建设和发展社区，建立超越物理空间的联结。这些联结展开的基础，是拯亡会的办学活动。而相应地，办学活动不仅是提供教育的场所，更是为帮助其中的人或者团体建立紧密的联系。妇女为主体的社群积极投身于慈善活动，不断发展壮大，帮助拯亡会扩展她们的影响。这样的基于社区内人与人的交往的互动，可以超越宗教信仰和不同的文化背景，是另一种意义上的文化的适应性与当地化。

最后，我们都清楚，要可持续地办校，就必须时刻谨慎地应对时局变化。对学校而言，最直接的是满足当政者对学校的规定。民国十八年（1929 年），民国政府颁布了《私立学校规程》，确定了私立中学的标准。其中有一条规定与毕业生的就业息息相关，善导女学虽由教会出资，但也不能罔顾学生的利益。为此善导和其他需要注册的教会学校一样，需要建设校舍，使基础设施更加完善，规范教学内容，以及调整学制。善导在民国二十六年（1937 年）2 月注册获批。在向当时的上海市社会局提交的校董名单①中，善导的校董都是在上海颇具

① 上海市档案馆：《私立中学立案呈请登记调查报告表》，档案编号：R48-1-261；《接受外国津贴的各级私立学校调查表》，档案编号 B05-5-1333-5。虹口区档案馆：《私立善导女子初中学校校董调查表》，档案编号：96-1-147。

影响力的天主教界人士。

首任主席校董陆伯鸿（1875—1937，名熙顺，字伯鸿），是上海著名的实业家，上海法租界华人公董的代表人物之一。除了创办实业外，他还积极投入到上海的慈善事业中。陆伯鸿结识拯亡会，缘起于他的一份慈善事业——新普育堂。1918 年，在他刚接手普育堂之时，也是他最需要帮手之际，拯亡会修女和献堂会贞女先于仁爱会修女，前往新普育堂，在那里帮助陆伯鸿，为需要帮助的人服务。此后，他大力支持拯亡会的事业，其子陆隐耕，也是善导的校董。陆伯鸿对于 20 世纪初的上海天主教贡献很大，他身兼上海天主教公教进行会的主席，领导并推进上海的信徒为改善社会出力。公进会的另一位主席，同是校董之一的朱志尧（1863—1949，字庞德，号开甲），也是上海著名的实业家华商电气公司董事，创办了求新制造及其轮船厂，是上海有名的慈善家。1937 年底，陆伯鸿从新普育堂出来，突遇刺杀，不幸身亡。次年，接替他任善导校董主席的是，时任上海市法总领馆翻译张文彬（1870—？），在当时的社会有好声誉。此外，在教育方面颇有成就的校董有：顾守熙（1893—1975，字仲咸），他自震旦大学法学系毕业，留学后回震旦从教，1928 年起在法租界会审公廨做律师，1931 年任法租界代表律师，后从商。“八一三”事变后，他与夫人刘龙生一起帮助在虹口圣心堂的饶家驹神父（Robert Emile Jacquinot de Besagne，1878—1946）办震旦大学难民所，任华洋义赈会财务。中国天主教家庭出身的徐宗泽（1886—1947，字润农），是徐光启第十二代孙，留学归国后在上海身兼数职，任徐家汇藏书楼主任，《圣教杂志》主编，指导徐家汇拯亡会的两所女校之余，也是善导的校董。浦东人吴应枫（1898—1972），是震旦大学初中部主任，曾任金科中学校长。在华人校董之前，另有3位法籍神父任善导的校董，他们分别是曾任震旦大学教务长的姚缵唐（Yve Henry，1880—1963）、曾任震旦大学总务长的山宗泰（Paul Beaucé，1883—1973）和曾任旭辉中学校长的桑黻翰（Pierre Lefebvre，1885—1955），这几位是上海天主教修院和耶稣会神学院的院长。这份响当当的校董名单，可以说明作为女校的善导，被上海天主教界所重视，也在上海的学校中有一定的地位。

随着学校逐步被规范，虹口的善导女学根据规定拆分和改名。靠近海宁路的小学部，1941年开始收男生，成为海宁路第一小学的前身[①]。原本隶属于小学的幼稚园单独分立，在1998年海宁路扩宽工程中，让出了一栋楼的空间并重新修缮，后随着区域内学校的进一步调整，另有两所小学校并入海宁路第一小学，合并后校舍定于乍浦路173号，原海宁路校址由花园街幼儿园使用。2014年，海宁路一小退出历史舞台。

靠近昆山路的部分在1952年成为市立第五女子初级中学，当时仍只收女生。1954年开始有高中部，从昆山路迁出到武昌路556号。1966年中学兼收男生，更名上海市第五中学，又根据区政府安排，到虹口彩虹湾，填补该地区初级中学的空白。

① 在成为海宁路小学之前，1952年2月务宗义务小学与善导的小学部合并，后改称为海宁路小学。

民国善导女校外景

女中的名字也在历史中慢慢淡出了人们的视线。留在昆山路224号的这栋楼，是圣家院善导女学留下的唯一的痕迹。虽然现在这里不再是学校了，但是通过她，我们得以回顾近代史上一所女校的百年历史，也能有机会了解推动上海发展的城市精神。

附录:《圣家院大事年表》

—1856年，欧仁妮在巴黎创立拯亡会。

—1867年，拯亡会在上海徐汇建立圣母院。

—1893年，拯亡会在虹口武昌路成立圣家院，因学生人数增长，团体扩建到河南北路20号。

—1903年，圣家院在宝山路买地建楼。

—1906年，学校搬到宝山路。

—1927年，因北伐战争战火纷飞，宝山路校舍被炸毁。拯亡会将外侨学校的“业务”全部移交给圣心会。

—1928年，教会出借百官街东面的一部分房屋，作为善导学堂的教室。

—1933年，因“一·二八”事变，学堂停办。

—1939年，教会将百官街西面大部分房屋出借给圣家院用以办学，学堂得以复办。抗日战争时期，大部分房屋损害严重，经过数年修理。

—1952年，市政府接管学校。将初中部更名为上海市第五女学，后迁至武昌路。小学部调整为海宁路第一小学。幼稚园改为西街幼儿园。

—1970年，乍浦路街道民办三小、西街小学并入海宁路第一小学。

—2019年，市五中学搬到虹口彩虹湾的三门路。

鲁迅身影

——乍浦路海宁路一带电影院

李　浩

根据目前所见的《鲁迅日记》，鲁迅看电影的记录开始于1916年，由看电影的频次推断，鲁迅真正喜欢看电影应该是在1924年看了美国电影《莎乐美》（Salomé，1922年）之后的事了[①]。鲁迅在上海9年间，看电影是他和许广平日常休闲消遣的重要方式。当然，鲁迅有时也将之作为一种社交方式，与亲友一起看电影。鲁迅在上海期间共看了150余次电影，涉及电影院有20多家，这些电影院大部分集中在虹口北四川路沿线，其中5家位于乍浦路海宁路一带。

20世纪初至中期，乍浦路海宁路一带是上海电影院最集中的地区，是当年上海影迷的圣地。其中科隆影戏园（Colon Cinematograph）是中国最早的商业电影院之一，也是这个区域内最早一家电影院。它由西班牙商人雷玛斯（A.Ramos）投资开办，于1907年8月28日开

① 《鲁迅日记》记为《萨罗美》。参见拙文《电影、插图与写作之间——〈铸剑〉与电影〈莎乐美〉》，《鲁迅研究月刊》2020年第8期。

幕。1926年之后，雷玛斯重建影院建筑，由匈牙利人邬达克设计。①1933年《电声日报》上有一文《虹口大戏院》云："今天我们要谈一间比融光更加小的戏院，虹口大戏院并不是近年新开的，据说在上海有了影戏院之后便有了虹口了。一向是开映第三轮片子……老板很会做生意，他把戏院的内部改装了一下，立刻改映有声片，并且座价只卖两角四角，和它附近的戏院比较，算是比较低廉了，所以一直能够引起许多观众，因为院址所处的地位在乍浦路口，所以顾客中颇多日人，这戏院的主人据说不是中国人呢。"②

现今回顾上海电影院发展历史，无法回避虹口大戏院的开创性地位。不过在鲁迅眼里，虹口大戏院只是可以选择的电影院之一，他在这个电影院只看过两次电影。第一次是在1931年11月13日。这次光顾虹口大戏院颇有戏剧性。晚上，应该是鲁迅晚饭后，此时已经下起了小雨。鲁迅离开拉摩斯公寓（北川公寓）寓所前往景云里找三弟周建人，但未遇到。鲁迅返回寓所后不久，周建人偕夫人王蕴如一起登门拜访，于是鲁迅夫妇和周建人夫妇前往虹口大戏院看《银谷飞仙》，觉得"不佳"，于是中途退场，转往附近的威利大戏院（国民大戏院）看《人间天堂》，觉得"亦不佳"。不知道他们看完电影后雨是否变大了，看完《人间天堂》后，他们没有在附近吃宵夜便直接回家了。鲁迅回家后并没有休息，却开

① 参见《虹口电影史料汇编》，上海科学技术文献出版社2017年版；李建华：《海上旧闻录》，同济大学出版社2020年版，第41—43页。
② 《电声日报》第501号，1933年9月26日。

始工作起来——校对《嵇康集》。据 1931 年 11 月 13 日《申报》广告版，第 19 版：虹口大戏院分三时、五时一刻、七时一刻、九时一刻四场放映《银谷飞仙》(Silver Valley，1927 年)，这是美国福克斯公司摄制的关于酷爱飞行的农场主英勇救美故事的默片；第 21 版：威利大戏院也是三时、五时一刻、七时一刻、九时一刻四场放映“碧玉生香”的《人间天堂》(This Is Heaven，1929 年)，广告中有如此声明：“随时入座，均可看全。”① 这是一部美国有声浪漫喜剧爱情片。也许当晚观影体验颇差，导致鲁迅在日记时将电影名和电影院记颠倒了。② 第二次在虹口大戏院看电影是在 1934 年 2 月 22 日，鲁迅日记：“午后同广平携海婴并邀何太太携碧山往虹口大戏院观电影。”③ 何太太就是冯雪峰的夫人何爱玉，碧山是冯雪峰的女儿冯雪明。1933 年底，冯雪峰前往苏区，何爱玉母女曾在鲁迅家暂住约 3 个月。这次看的电影是《非洲小人国》(Congorilla，1932 年)，影片记述了一对夫妇在非洲刚果旅行的历程，以爵士乐为背景音乐，影片中这对美国夫妇试图教导刚果当地人爵士舞的情节。

在乍浦路海宁路一带的电影院中，鲁迅最早踏足的电影院是爱普庐影戏院。1929 年 1 月，鲁迅与柔石、许广平等人共同组织朝花社，致力于引介外国文艺。由此，鲁迅与柔石等人往来频繁，不仅在一起工作，而且多次一起去看电影。1929 年 2 月 11 日，鲁迅“同柔石、三弟

① 《申报》1931 年 11 月 13 日，第 21 版。广告中威利大戏院特别注明“前国民大戏院”。

② 《鲁迅全集》第十六卷，人民文学出版社 2005 年版，第 277 页。

③ 《鲁迅全集》第十六卷，第 435 页。

上海第一家专业电影院——虹口电影院

及广平往爱普庐观电影”。①鲁迅日记未记所看电影名，据《申报》1929年2月13日广告等资料考察，②他当时看的应该是美国默片《皇后私奔记》(The Private Life of Helen of Troy，1927年)，影片叙述了特洛伊战争及其主角海伦的故事。爱普庐即是爱普庐影戏院（Apollo Theatre)，它由葡籍俄人郝思倍（S.G.Hertzberg）改建之前在此的美国影戏公司（American Cinematograph Hall）而成，于1911年12月21日开幕。③该电影院口碑似集

① 《鲁迅全集》第十六卷，第123页。

② 笔者未见1929年2月11日《申报》，因此猜测鲁迅所看电影之内容。

③ 《四川北路海宁路：爱普庐影戏院里·上海的默片时代》，https：//www.sohu.com/a/315569131_120067213。

中在其音乐效果："座位不多，观者大半中上等人。所映影片，虽非头等名角作品，然极新鲜，而演者亦多后起之秀。院内音乐冠各院。"①1928年，当年有介绍说："爱普庐是个二等的影戏院，在北四川路52号，创设于西历1911年。计有座位五百余个，因为内部容积，未见十分广大，所以座位殊现拥挤。设备尚称周到，冬有火炉，夏天装电扇。电话是北三一八的号码。装饰还算是美观，音乐亦佳妙。从前开映的片子很好，现在也不过如此了。"②20世纪30年代初爱普庐影戏院被出售，1932年中国银行上海分行在原址建成中国银行虹口大楼。

1929年10月，鲁迅儿子周海婴出生，鲁迅很欣喜于儿子的出生，几乎把工作外所有时间都用在养育新生婴儿上了，约有一年多没有看过电影。③待海婴稍长之后，鲁迅已经适应家有幼儿的新生活状态，看电影之念又起。1931年5月开始外出看电影，8月16日鲁迅与许广平、周建人在家午餐后，便一起到位于乍浦路的国民大戏院看电影《兽世界》。

国民大戏院初名好莱坞大戏院，由魔术师张慧冲之父张志标创建，位于乍浦路408号，1929年2月11日开幕。开幕仅两个月，便被报纸报道戏院欠费15000余两而遭债主起诉之事。1930年7月由德商孔雀公司接办，改名国民大戏院。1931年11月起改由贡高品洋行经营，

① 敏荪：《珠粉玉屑·爱普庐》，《影戏春秋》1925年第5期，第18页。
② 不才：《上海之影戏院·一·爱普庐影戏院》，《上海常识》1928年8月11日第2版。
③ 据《鲁迅日记》，1930年，鲁迅仅看过一次电影。

国民大戏院

改名威利大戏院。[①]1933 年有报纸介绍该电影院云："威利所处的地位甚佳，在乍浦路海宁路之中点，离北四川路也很近。本来很可以做做生意，但是它四邻大小戏院太多了，所以不免要受影响。最初这戏院本叫做好莱坞，不久即因营业不佳而闭门，其后改为国民，不久遂易为今日之威利，东家为外国人。所映片子多为第三次之雷电华、华纳等公司片子，售价楼下四角（小洋）楼上六角，日夜一律。为连续开映戏院之一，院内地位不十分

① 参见《虹口电影史料汇编》第 53、54 页；《晶报》1929 年 4 月 6 日第 3 版；《宾司波尔》1929 年 4 月 8 日第 3 版。

大，装饰也简朴，影机尚佳。顾客多日本人，近因融光之影响，生意大为减色。"①

从1931年5月开始到这年年底鲁迅共看过23次电影（其中两部电影各看了两次），其中6次6部电影是在国民大戏院观看的。除了前文提到的《人间天堂》外，还有：《兽世界》（Ingagi，1930年），是美国人拍摄的讲述非洲大猩猩掠辱人类女性传说的剧情片；《破坏者》（The Spoilers，1930年），是美国派拉蒙拍摄的讲述企业主与地方官员纠纷的剧情片；《南极探险记》（With Byrd at the South Pole，1930年），美国派拉蒙拍摄的关于南极探险的纪录片，它是第一部获奥斯卡奖的纪录片；《西线无战事》（All Quiet on The Western Front），美国环球公司拍摄的关于德国士兵参与第一次世界大战的剧情片，具有反战性质，该片获第三届奥斯卡最佳影片、最佳导演，影片在上海公映期间，舆论给予颇多的关注；《中国大侦探陈查理》（Charlie Chan Carries On，1931年），美国福克斯公司拍摄的关于中国侦探陈查理探案的剧情片。1934年，鲁迅再次现身威利大戏院看了一部讲述美国人在马来西亚探险、打猎的纪录片《龙虎斗》（Beyond Bengal，1934年）。

1932年"一·二八"事变爆发，除了1月份事变发生前鲁迅看过两次电影外，整年没有看过电影。1933年12月18日，鲁迅前往海宁路330号融光大戏院观看了《罗宫春色》，也许是观影体验不差，从1934年开始就比

① 《上海影院·十二·威利大戏院》，《电声日报》1933年10月4日第1版。

较频繁地出入于融光大戏院。

融光大戏院由梁湘甫、梁海生等投资，向祥茂洋行租地建院。影院建筑为钢筋混凝土结构，前后各为5层，中间场内为1层，2000座位，备有冷暖气设备，1932年11月2日开幕。时有报道记述开幕情形：

> 大门与里面影场正并非相对稍有斜形，入门两旁系卖票，再进则为大厅，极富丽美观……影场完全在楼下，并无楼上，如国泰，但较长耳。内漆绿，尚属雅观，三角资者仅有最前面之六排，五角资者则更后十排。十六排之座均极劣，完全木椅……极不舒服，岂该所谓“平民化”者，即以硬板凳见赐与？……之后，则为八角资者，占全场“四分之三”，若讲系“平民化”，何以八角座占地如许之多？……八角座均系藤位，与南京北京相同，远不及光陆及国泰……昨日所映之影片，如新闻片及《魔鬼舞场》……昨晚开映前国泰所演《海阔天空》尚佳，观者极为拥挤，是可见上海人喜新厌旧之一般矣。①
>
> 后又评价该影院者：“融光在上海，可算是小戏院中领袖。因为它的内容与设备和座位之多，在小戏院中可称第一，座价比南京等更便宜了一半。是三角（大洋）、五角、八角，日夜一律。并且继续开映：从下半二时半到晚上十一时连续开映，随时可入座，故此比较受人欢迎……第二次便轮到他们开

① 《融光大戏院开幕详情》，《电声日报》1932年11月3日第1版。

映，现在有时也映第三轮了，位置虹口适中的地方，故生涯颇盛，也是联合公司属下应戏院之一。”①

鲁迅在融光大戏院观影14次13部电影（《珍珠岛》上下集算一部），其中有：《罗宫春色》（The Sign of the Cross，1932年），是美国派拉蒙拍摄关于罗马皇帝尼禄与基督徒往事的剧情片；《四十二号街》（42nd Street，1933年），是美国华纳拍摄的歌舞片；《爱斯基摩》（Eskimo，1933年），是美国米高梅拍摄的爱斯基摩与美国文明冲突的剧情片，也是美国第一部关于爱斯基摩人的电影；《豹姑娘》（Island of Lost Souls，1932年），是美国派拉蒙拍摄的有关疯狂科学家进行人兽杂交的科幻恐怖片；《奇异酒店》（Wonder Bar，1934年），是美国华纳拍摄的歌舞片；《珍珠岛》（Pirate Treasure，1934年），是美国环球拍摄的寻宝剧情片，上下集分别公映；《陈查礼在巴黎》（Charlie Chan in Paris，1935年），是美国福克斯拍摄的以华裔侦探为主角的犯罪片；《漫游兽国记》（Baboona，1935年），是美国探险家马丁夫妇非洲见闻录，鲁迅曾于1935年4月新光大戏院看过此片；《黑衣骑士》（Rocky Mounta in Mystery，1935年），是美国派拉蒙拍摄的犯罪片；《一身是胆》（“G” man，1935年），是美国联邦探员制服罪犯的剧情片；《儿女英雄》（Clive of India，1935年），是美国20世纪福克斯摄制的讲述英国强化对印度军事控制的剧情片；《土宫秘密》（Abdul the Damned，1935年），是英国人拍摄的有关奥斯曼帝

① 《上海影院·四·融光大戏院》，《电声日报》1933年9月25日第1版。

国苏丹阿卜杜勒·哈米德二世故事的剧情片。

盘点鲁迅在乍浦路海宁路一带所到过的电影院，以1932年为界，在这之前，鲁迅主要光顾国民大戏院。从1933年开始，则几乎都在融光大戏院看电影了。之所以有这种变化，或者与电影院的位置有关，或者与电影院内部设施以及观影舒适度有关，或者与观众的主体有关，前文所引述的1933年《电声日报》关于威利（国民）大戏院因融光的开幕而生意受影响报道，对鲁迅来说可能也是一个因素。鲁迅并非是真正的影迷，看电影比较随机，不仅看《西线无战事》《土宫秘密》这种史诗类型的巨片，也看《南极探险记》《非洲小人国》《龙虎斗》之类的探险纪录片，也看歌舞片《四十二号街》《人间天堂》等。大致说来，鲁迅对电影的选择大致遵循着轻松愉快，能获得见识为主。

1934年10月3日晚，鲁迅许广平特别邀请内山完造夫妇去之前从未去过的新中央大戏院看美国电影《金刚》（King Kong，1933年）。当时上海有报刊介绍新中央大戏院云："新中央原名维多利亚，改组后始易今名。是由雷玛斯氏让给中央影戏公司的。地点在北四川路海宁路口，电话北二二三二号。是家二等的影戏院。规模并不十分伟大，内部空气不佳，座位拥挤，所奏音乐，令人生厌。苟在西式影戏院中视之，该院实为时代之落伍者。映演各片，都是中央映过的片子，观众泰半华人，生涯也还过得去呢。"① 又云："易主后改映国产片，以

① 不才：《上海之影戏院·四·新中央大戏院》，《上海常识》1928年8月20日第2版。

售价廉故生意尚不恶，然间亦映外片。国人趋之者甚众，盖北四川路一带常映国片者仅此一家耳。设备在中下之间，售价最低为大洋二角。”[①] 虽然说“国人趋之者甚众”，但是鲁迅仅此一次造访这家影院，显然鲁迅也不满“内部空气不佳，座位拥挤”等。许广平曾说为了减轻工作所带来的压力，生活节俭的鲁迅看电影的选择是“宁可多花费些，坐汽车，坐‘花楼’”。[②]

1936 年 2 月 25 日，鲁迅与许广平两人前往融光大戏院，看晚九点一刻场的《土宫秘密》，[③] 晚十一点三刻左右回家，便继续翻译俄国作家果戈理的长篇小说《死魂灵》。此夜之后，乍浦路海宁路一带的电影院里再也没有出现过鲁迅的身影。

---

① 《上海影院·九·新中央大戏院》，《电声日报》1933 年 9 月 30 日第 1 版。

② 许广平：《鲁迅先生的娱乐》，《许广平文集》第二卷，江苏文艺出版社 1998 年版，第 98 页。

③ 1936 年 2 月 25 日《鲁迅日记》：“夜赠内山、镰田、长谷川果脯各三合。同广平往融光戏院观《土宫秘密》。译《死魂灵》第二部起。”《申报》1936 年 2 月 25 日第 22564 期本埠增刊第 6 版，当日融光大戏院放映《土宫秘密》的场次有五点一刻、七点一刻和九点一刻三场。

首家电影院

李建华

20世纪30年代，胡道静先生在《上海电影院的发展》一文（以下简称胡文）中写道："上海开始有电影院是二十世纪第一个十年的事情。发动者是西班牙人雷玛斯。雷氏最初到沪的时候，大约是在1903年（清光绪二十九年），带了一架半旧的电影放映机与若干卷残旧的片子，另外雇了几个印度人拿着铜鼓和洋喇叭，每天在福州路升平茶楼大吹大擂地闹着。对于看客们每人收钱三十文。数年后，雷氏因大获利润，于是在海宁路乍浦路口建铅皮影戏院一所，仅容250座，即今之虹口大戏院。后又在海宁路北四川路口建维多利亚影戏院，装饰甚为华丽，这是上海有正式电影院的第一声。"[①] 文后附有上海各电影院记录（次序依创设的先后排列），虹口大戏院排列首位：虹口（HongKew）这是上海第一家电影院，位于海宁路乍浦路口。西班牙人雷玛斯（A. Ramos）设。1908年（清光绪三十四年）开幕，第一次开映的片子是《龙巢》（The Dragon Nest）

迄今为止，已出版的方志类书以及记录早期电影院的文章涉及上海首家影院的话题皆采纳胡文的说法。但

---

① 胡道静，《上海电影院的发展》，载于《上海研究资料续集》，上海书店1984年版，第533、534、541页。

1932 年，虹口大戏院

虹口大戏院遗址纪念碑

读罢胡文及附录，笔者仍有几个疑问：其一，这座影戏院开业登记的初名？其二，开幕时间及首映片名？其三，它与1913年6月开业的东京影戏园有否传承关系？

带着疑问，我反复查了《申报》《时报》和《新闻报》等各大中文报刊，但始终未果。直到我用《字林西报》来搜索目标时，才找到寻觅已久的答案。在1907年8月21日《字林西报》第一版中，有条影片预告广告，揭开了乍浦路112号影院的初名“Colon Cinematograph”（音译：科隆影戏园）

NAPOLEON BONAPARTE

THE Grand film of the well-known above-named, will be Shown on WEDNESDAY and THURSDAY at the

COLON CINEMATOGRAPH

112a CHAPOO ROAD

We beg to notify the Public that box seats are now fitted throughout with electric fans（COOL and AIRY）

Seats can be reserved when notified

Prices of Admission：

Reserved seats-------$1.00

First Class-----$0.60

Second Class----$0.40

从上面预告中获悉，科隆影戏园正式开幕时间为1907年8月28日（星期三），首映影片《拿破仑·波拿

A 112, Chapoo Road.
Colon Cinematograph, The
Ramos, A., *Pro.*
Narbona, Jose,
Goldenberg, B.
Rusca, Vicente

科隆影戏院广告，《字林西报》1908 年 1 月第 78 版

NAPOLEON BONAPARTE

THE Grand film of the well-known above-named, will be shown on WEDNESDAY and THURSDAY at the

COLON CINEMATOGRAPH.
112A. CHAPOO ROAD.

We beg to notify the Public that box seats are now fitted throughout with electric fans (COOL and AIRY).

Seats can be reserved when notified.

PRICES OF ADMISSION:
Reserved Seats $1.00
First Class $0.60
Second Class $0.40

电影院广告，《字林西报》1907 年 8 月 21 日第 1 版

巴》[1]；又从 1908 年 1 月《字林西报》查得“科隆”行名登记，其业主为“Ramos，A.Pro”（安东尼奥·雷玛斯）[2]。另在《字林西报》的预告广告和行名登记中均无影院座位数。1919 年，上海工部局曾对当时租界内的电影院进行了调查统计，当时虹口影戏院座位数是 569 个[3]。从“科隆”预告中还获悉，影院内部设有包厢，夏季在包厢内装有电风扇，院内既凉爽又通风。可见，当时科

① 112a CHAPOO ROAD COLON CINEMATOGRAPH.The North-China Daily News（1864—1951），1907 年 8 月 21 日第 1 版。

② Colon Cinematograph，科隆影戏园，乍浦路 112 号。The Ramos，A.，Pro. The North China Desk Hong List《字林西报》行名录 1908 年 1 月第 78 版。

③ 总办致哈钦森信及附件，1919 年 12 月 17 日工部局总办处卷宗，上海档案馆档案藏，档号：U1-3-27，第 6、7 页。

隆影戏园虽不算豪华，但其规模中等，设施尚佳，是一座正规影院，不是胡文中说的那种铁皮搭建且只有250座的简易影院。

从《字林西报》《申报》的广告和报道中还获悉：1907年8月至1910年7月间，以“A112，Chapoo Road”（乍浦路112号A）地址登记的是科隆影戏园；1910年9月至1912年间，科隆影戏园原址上为维多利亚跑冰场（Victoria Skating Rink）①；1913—1922年间，雷玛斯又将“科隆”租给了日商，影院改名东京活动影戏园（Tokyo Cinema）；1922年，雷氏收回影院经营权，更名虹口影戏院（Hongkew Cinematograph）②。1926年后，雷玛斯在乍浦路上重建影院建筑（由匈牙利人邬达克设计③），于1928年9月8日重新开幕，放映战事巨片《战地鹃声》。由此可见，上海首家影戏院的初址是乍浦路112号A，开幕时间为1907年8月28日，虹口大戏院最初的院名叫“Colon Cinematograph（科隆影戏园）”，除了其中约两年租给维多利亚跑冰场外，一直在经营影戏主业。

1903—1906年间，雷玛斯经历了在青莲阁茶楼进行定点放映电影的初创期后，淘得他人生第一桶金，准备

---

① OWING to the elaborate preparations necessary for staging its dramas at the Victoria Skating Rink the Japanese Theatrical Company has postponed the opening of its season from to-night until Friday. The North-China Daily News（1864—1951），1910年9月6日第7版。

② Hongkew Cinematograph，虹口影戏园，乍浦路112号A。The North China Desk Hong List，1922年1月第124版。

③ 邬达克建筑师小传，《建筑月刊》1933年3月第1卷第5号第13页。

建造一座专业影院。基于对租界、华界的人文、经济环境综合考量，他将首家影院地址锁定虹口乍浦路112号A海宁路口。雷玛斯的电影帝国事业发轫于此。

雷玛斯在1931年回国前，将属下夏令配克、维多利亚、万国、卡德、恩派亚五大影院转让于华商，唯独留下“虹口”。可见，虹口大戏院在雷玛斯心中的地位无与伦比，它是一颗“种子”，开启了他的电影发财梦；他即便离开了上海，离开了电影业，也要留个念想。

晚清首份汉文佛教报纸

邵佳德

一

《佛门月报》由上海虹口本愿寺主办及发售。虹口的本愿寺是日本净土真宗大谷派（东本愿寺）设在上海的别院，类似于下院或附属组织。1873年，东本愿寺就派出僧人小栗栖香顶来华，小栗栖从上海登陆，短暂访问龙华寺后即北上，经天津至北京，住清慈庵学习中文，并跟随龙泉寺本然法师研讨佛法，开始了他为期一年的清国留学生涯。1876年，小栗栖香顶再次受命并抱着埋骨中土的决心毅然赴上海开教。抵达上海后先在上海英国租界的北京路租屋设立“东本愿寺上海别院”，开院仪式当天日本领事馆之职员、在沪的日本商界人士、龙华寺的僧人以及冯耕三、孙霭人、钱子琴等中国商人、文人到会参加，小栗栖用汉语发表演说。① 东本愿寺的上海别院是近代日本佛教在中国传教最早的据点，1883年后

① 小栗栖的中国布教详情，参见陈继东：《小栗栖香頂の清末中国体験：近代日中仏教交流の開端》，山喜房佛書林2016年版，第35—161页。

移址到新建的虹口区本堂。① 当时上海别院最主要的任务是培养能用中文布教的僧侣，因此语言课程是别院内所设江苏教校的主要课业。别院设置轮番、学师、教师等职，由轮番总体负责。小栗栖香顶 1877 年 1 月即因身体原因返回日本，由松本白华接任轮番，北方心泉任承事。② 到 1893 年时别院的轮番由佐野即悟担任。上海别院出版《佛门月报》主要原因是为了服务于真宗教义在

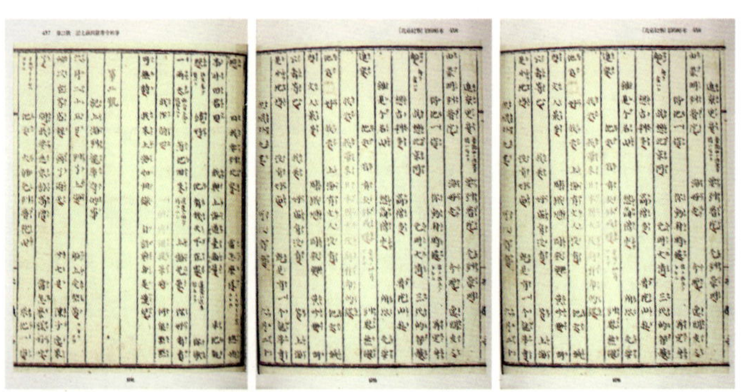

小栗栖香顶《北京纪事》影本，记录了其访问上海龙华寺的情形 ③

① 东本愿寺位于虹口区武昌路 3 号，其最初在英租界河西路租房布教，1876 年后来在英租界北京路建上海别院，1883 年新院落成迁入。上海别院的概况，参见高西贤正：《東本願寺上海開教六十年史》，东本願寺上海别院，1937 年。大谷派本愿寺志要编辑局：《本願寺誌要》，京都，1911 年，第 433、434 页。川边雄大：《東本願寺中国布教の研究》，研文出版 2013 年版，第 105—107 页。

② 川边雄大：《東本願寺中国布教の研究》，第 108 页。川边雄大：《上海明治期における東本願寺の清国布教について——松本白華・北方心泉を中心に》，《文化交涉による変容の諸相》，2010 年，第 153—222 页。

③ 陈继东：《小栗栖香頂の清末中国体験：近代日中仏教交流の開端》，山喜房佛書林 2016 年版，第 457—459 页。

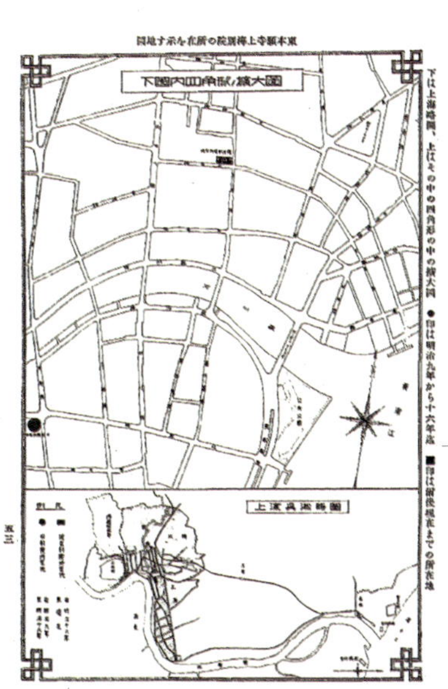

东本愿寺上海别院所在地图示①

东本愿寺上海别院

东本愿寺上海别院②

① 《東本願寺上海開教六十年史》，第 53 页。
② 《本願寺誌要》，插图页。

中国的传布，此外也是鉴于中国当时尚无佛教报刊，各地僧人居士各自成家、罕通声气，借助报纸平台可以互相提唱鼓舞，使经典不致庋搁尘封。

《佛门月报》第一期的发行时间是1893年末至1894年初之间，封面书有“光绪十九年癸巳十一月”“明治二十七年正月”字样，表明正式问世的时间可能在1894年的第一周。从报首两篇序文的题署时间来看，都是作于癸巳年的十一月，其中一篇明确说明作于阿弥陀佛诞日，也即阴历十一月十七日（1893年12月24日）。该报计划每月出报一册，每册文字内容10页，图片不限页数。目前笔者搜罗到的仅为《佛门月报》的第一期，1894年后此报是否如预期的每月发行，以及出到何时停止，尚无确切的资料可考。《申报》1894年1月底和2月初曾连续刊载过该报的5则征稿启事：“是报专征各处高僧名释法言妙谛，登录表扬，并有戒坛香会法事等，亦可代登告白，上海虹口乍浦路日本愿寺售。”① 但之后再无刊载，是否短期内即因故停办，不得而知。

该报印数约为每期千册，除虹口的本愿寺外也送至各报馆、送报人处发售，售洋一角，并且计划日后如流通范围扩大，可随缘加出册数。关于出版报刊的经费，寺庙基本靠自己维持，发售的价格仅为收回纸张等工本费用，登报的各种告示或宣传则按字收费，鼓励作者和各地通讯员发心乐助不取稿费。当然，作者实在有卖文为生需求的，也可到本愿寺面议束修膳金。主办方还特别提出，该报可当做善书施送，希望佛教徒能发愿整购数十或数百册

① 《佛门月报》，《申报》1894年1月25日，第5页。

布施、超度、自延寿福等，报馆会载明购买者之功德。①

尽管目前我们只发现了《佛门月报》的第一期，其所刊载的文字篇幅也很有限，但这一发现于近代中国佛教史乃至新闻出版史都有特殊意义。鸦片战争以前，就有外国传教士在中国办报，19世纪下半叶以来，外国人在治外法权保护下，先后创办了《遐迩贯珍》(1853年，香港)、《六合丛谈》(1857年，上海)、《万国公报》(1868年，上海)、《中西闻见录》(1872年，北京)、*North China Daily News*（1850年，上海，中文名《字林西报》)、*The Peking Tientsin Times*（1894年，天津，中文名《京津泰晤士报》）及《申报》(1872年，上海)、《新闻报》(1893年，上海)、《顺天时报》(1901年，北京）等一大批较有影响的中外文报刊。其中，日本人在华所办报刊比欧美稍晚。据研究，目前已知最早的为1882年创刊于上海的日文季刊《上海商业杂报》。到了明治末年，日本在华共创办报刊已达57种之多。②胡道静在其1946年出版的《新闻史上的新时代》一书中，转译了姥原八郎《海外邦字新闻杂志史》中对日人在上海办报历史的一段叙述："上海居留之邦人，已达千余，而未有新闻纸发行。数年前之《上海新报》，昨年有《上海时报》，皆未经岁而废刊。居留民久以为憾。今有《上海周报》出版，系乍浦路共同活版所发刊，内容注重贸易事

① 《售报告白章程》,《佛门月报》第1期，封底页。

② 周家荣:《近代日本人在上海的办报活动（1882—1945）》,《社会科学》2008年第6期，第129—143页。阳美燕:《汉口乐善堂据点与〈汉报〉(1896—1900)》,《湖南大学学报（社会科学版）》2008年第6期，第135—140页。

项，期以逐渐扩充而为日清贸易之木铎自许。又《佛门日报》发刊，主笔为佐野则吾，初版千份，广布清国各地，专以济度支那人为目的。”①

这则材料多为治新闻传播及报刊出版史的学者所引用，但其中问题颇多。首先，几乎没有研究者真正看到过这份报纸，大多只是转引二手、三手的记载，因此对于是否真正发行过此报也产生过质疑。黄福庆就指出，当时上海东本愿寺别院院长不是佐野则吾，在《东本愿寺上海别院六十年史》中也没有发行《佛门日报》的记录，只记载了“一八九八年十二月十六日决议发行杂志，委请佐野准备发行事宜”，因此对《佛门月报》的真相作者表示尚待研究。②这一质疑也为后来学者所认同，比如阳美燕即据此表示日本人在华所办中文报纸是在甲午战争之后，并将1896年在汉口发行的《汉报》视作嚆矢。③其次，关于当时《佛门月报》的主编以及东本愿寺上海别院的负责人，这几则材料均误为“佐野则吾”或“佐野则悟”或“佐野则吉”。④实际上，1894年上海别

① 此则记录最早出自1894年2月2日的《自由新闻》，转引自姥原八郎：《海外邦字新闻杂志史》，学而书院1936年版，第270页。原文为日文，中文参见胡道静：《新闻史上的新时代》，世界书局1946年版，第29页。

② 参见黄福庆：《近代日本在华文化及社会事业之研究》，中央研究院近代史研究所1997年版，第251、252页。

③《汉口乐善堂据点与〈汉报〉(1896—1900)》，第136页。

④ 关于佐野即悟的记载，山本文雄曾误为“佐野则吉”，《明治時代の中國における邦人經營紙》，《东洋史论丛》，铃木俊教授还历纪念会，1964年版，第378页。曾虚白则误为“佐野则悟”“佐野则吾”，《中国新闻史》，台湾政治大学新闻研究所1966年版，第157、174页。

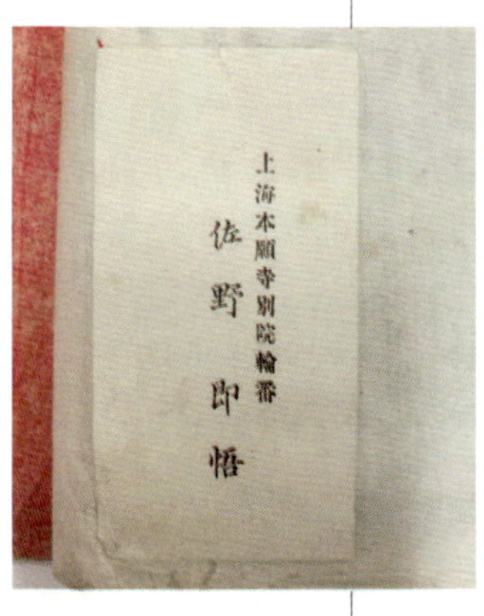

《佛门月报》所附东本愿寺上海别院轮番佐野即悟名片

院的负责人当为佐野即悟，《佛门月报》第一期后附了一张佐野氏的名片，明确注明其身份为别院的“轮番”，报纸内文中也提及“即悟上人”。第三，最显著的错误是这份报纸的名称当为《佛门月报》，上述研究均误作《佛门日报》，并将之作为日报列入统计。没有搞清报纸名称和编者姓名，或许正是导致其在前人研究中变得扑朔迷离的重要原因。其实在川边雄大对东本愿寺海外布教的研究中，已经注意到了佐野即悟和《佛门月报》，人名和报名皆无误，只是可能川边也未找到该报实物，故未对其进行详细解说和讨论。① 目前我们的发现，可以清楚证

① 川边雄大：《上海明治期における東本願寺の清国布教について——松本白華・北方心泉を中心に》，《文化交涉による変容の諸相》，2010年版，第187页。

明东本愿寺在佐野即悟任轮番时期，曾发行过《佛门月报》，这是目前所知日本在华创办的第一份中文报纸，尽管持续时间和影响范围可能有限，但仍有首创的意义。

附:《佛门月报》第一期的主要内容

第一期的《佛门月报》共收录了20篇文章，报首另有两篇序文和一篇《约例》，报末附了一篇《售报告白章程》。序文主要从作者角度叙述了《佛门月报》出版的因缘和意义，《约例》列举了该报计划刊载的主要内容，章程则着重说明该报的发售、运营等问题。

《佛门月报》第一期内容简况

标　题	作者	内容摘要
序文一	曼陀罗室道人	
序文二	叶庆颐	
约例		
谕旨恭录	雍正	雍正十一年二月十五日护持佛教谕旨
论圣道净土二宗		净土易行法门及真宗教旨
请经纪盛		普陀山法雨寺请经
进新刻大藏经表	僧道光	日本黄檗山道光进藏经
欧洲scrap录		法兰西、英国、万国宗教大会新闻
锡兰来简		锡兰三衣形制
读经		读经之法门
供奉佛像		日本供佛制度
佛教博爱馆医馆		东京开办佛教医院
印度居士大牟白拉拟重建浮屠		大牟白拉（达磨波罗）于万国宗教大会后赴日议复建佛陀伽耶大塔

续表

标　题	作者	内容摘要
灾民皈佛		鸟取郡灾民剃发皈依蹈水以殉求取水患平息
舍身祈雨		杭州潮音庵大根舍身自焚求雨
猎师孽报		日本远州猎户平内杀子孽报
淑德女学校		东京淑德女校佛化教育
震毁惠远庙		四川惠远庙地震受灾，朝廷抚恤
义僧觐王		京都僧月照明治维新之际仗义觐王
艺工成佛		福建柯云霆往生异相
照暗女学校掘获石像		京都照暗女校扩充掘获如来像
本寺报恩讲会记		上海别院举行报恩讲会
告白二则	僧智度等	普陀山法雨寺传戒大会告白、上海别院藏经待请告白
售报告白章程		

晚清《佛门月报》的出版发行，是中日佛教交流的产物，如果放置到更大的背景中看，更是19世纪后半叶以来在东西方文化碰撞下，整个东亚佛教寻求国际联合与海外传播的结果。这一新趋势对当时沉寂无声、面临威胁的中国佛教而言，有着当头棒喝的警醒作用，也开启了杨文会、太虚等人推动近代中国佛教参与世界和改革自身的运动。19世纪末的中国佛教，站在传统与现代、东方与西方文化交汇的十字路口，前途未卜、命运难测。彼时的日本佛教却已经历了数十年的改革与转型，并开始主动将目光转向国外。中国也是在此时被日本纳入了布教的范围；《佛门月报》就是在这一背景下在东西文化交融的上海应运而生的。无论是这一报纸诞生本身背后

的国际化背景，还是其刊载内容体现的全球目光，都表明这一时期的东亚佛教正经历着一系列全新的变化。

近代中国佛教之转型或复兴，是在深受西方文化刺激的背景下发生的，包括传教士对佛教的观感、国人对佛教的重新界定、佛教徒对西方文化吸收转化等，这一观点已成共识。① 这种中西文化的交流很大程度是通过日本作为中介实现的，正如葛兆光所说“西潮却自东瀛来”。② 而李四龙对于阿尔格尔的研究却指出，我们通常认为杨文会等佛教徒与日本佛教互动密切故近代佛教发展深受日本影响，实则杨文会很早就与南亚和欧美佛教徒开始接触，其弘法理念及方法所受他们的直接影响是不小的。

其实不论是主张西方文化包括宗教新动向是直接影响中国，还是间接透过日本发挥作用，本身都没有错误，因为整个19世纪末一直到20世纪上半叶都是亚洲佛教全球化运动的高潮。或许各国佛教界的接触先后有别、派别有异，但无论是日本、中国、朝鲜、印度、锡兰以及其他东南亚国家，无一能够逃离这股潮流而独立发展。事实上《佛门月报》出版的1893年前后，近代中国佛教、日本佛教和欧美佛教已经通过各种人物和组织紧密

---

① 传教士对近代中国佛教的理解与影响，见 Holmes Welch, *The Buddhist Revival in China*, Cambridge, Mass.: Harvard University Press, 1968, pp.222—253。近代佛教徒如何应对西方宗教、政治、哲学、科学等观念，参见何建明：《佛法观念的近代调适》，广东人民出版社，1998年版。

② 葛兆光：《西潮却自东瀛来——日本东本愿寺与中国近代佛学因缘》，《西潮又东风：晚清民初思想、宗教与学术十讲》，上海古籍出版社2006年版，第47—66页。

联系起来，并互相影响了各自发展的方向。这是一个佛教世界性舞台初现的时代，或许我们可以把这一年作为中国佛教加入整个亚洲佛教全球运动的原点。

东本愿寺在中国布教已近20年后《佛门月报》带着其浓厚的国际目光正式诞生；再过20年，杨文会的弟子太虚大闹镇江金山寺，提出了改革佛教的呼声，震动中国佛教界。他后来出访日本、游历欧美，与证道学会数次接触，联合锡兰、印度佛教，其实皆是在19世纪末近代佛教业已形成的世界格局中完成的。这种世界格局，与佛教发展的地方视域一样，是未来开展近代佛教研究值得重视的路径。而上海正是在这种世界格局和地方视域的交汇点上，因此其近代宗教图景异常精彩纷呈。

《佛门月报》第一期封面

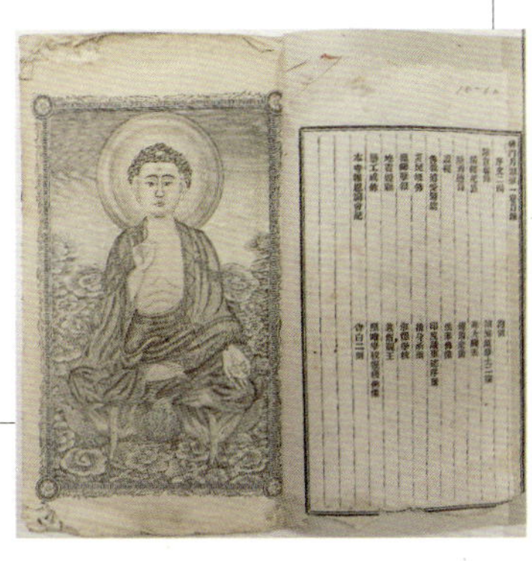

《佛门月报》第一期目录页

武士驯象：从丝路探险到上海建筑

邵学成

上海虹口区乍浦路的本愿寺上海别院，现隐居于闹市中，为上海市历史文物保护单位。该寺建筑整体呈白色调，其建筑外观设计和装饰样式仿造印度阿旃陀（Ajanta）石窟修建，这也是将复古建筑装饰与现实功用结合起来的特例。

该寺院主体建筑由日方出资在1930年5月至1931

西本愿寺上海别院建筑设计：上海冈野重久建筑事务所，施工：大连岛津工作所，雕刻：渡边素川

年4月期间修筑完成。相比较之前上海流行的折衷主义建筑风格，这所建筑也具备了同时代上海，乃至亚洲近代建筑中所不具有的风格特点。这座独特的建筑背后，其文化意义也值得深究。我尝试回答的问题是：这座建筑为何会诞生在上海？

丝路探险潮中后继的日本皇族

鸦片战争后，中国逐渐对外施行门户开放政策，上海逐渐发展成为最前沿的对外贸易口岸和外来移民最多城市之一。在日本侵华战争爆发前，上海已有数万名日侨，这些常住人口的生产生活、商业和宗教活动的建筑用地，也呈现出日本社会的部分思潮，具有鲜明的时代特征。

日本人大部分信仰佛教，一些佛教僧侣也逐渐紧跟移民步伐进入中国传教。提到日本佛教在上海的传教活动，不得不提到近代西域探险史中“声名显赫”的大谷光瑞（1876—1948），大谷光瑞作为日本净土宗西本愿寺第22代门主，既考察了众多丝路遗址，也在海外设立众多传教点。该座乍浦路的西本愿寺也是其经营许久的海外据点，与大谷光瑞也有着密切联系。

大谷光瑞是宗教世家，世袭华族。1898年与九条道孝公爵女儿筹子结婚，新婚后的海外旅行就来到中国进行了5个月的旅行考察，这也是其第一次海外考察。1900年，大谷光瑞被其父亲派往英国伦敦考察游学，其间加入英国皇家地理学会。这一年，九条道孝公爵的另一位女儿节子与大正天皇结婚，大谷光瑞和大正天皇就有了连襟之亲，因为日本贵族有认女婿为儿子的习惯，大谷光瑞晋升为“皇族”。后来的昭和天皇就是节子与大正天皇的儿子，大谷光瑞受封为“伯爵”，这是后话。大谷在英国见到斯文赫定等人的丝路探险和佛教考古成果，作为一名佛教徒，内心受到刺激，就短暂奔赴印度游学。返回英国后，大谷召集门徒留学生在伦敦组成“大谷探险队”，准备向印度和中国进发，探寻古代佛教传播路线。

1902 年，26 岁的大谷光瑞亲率 11 名年轻队员对当时英属印度境内佛教遗址考察，与其中留学英国的藤井宣正等三人对印度阿旃陀石窟进行调查，对主要石窟的建筑形制、壁画特点都进行拍摄记录。同时大谷派遣两人对新疆进行调查，这支进入中国的调查小队，以及此后 3 次调查新疆、甘肃等地区从事探险考察活动的成员，被称为大谷探险队。1903 年大谷接任西本愿寺第 22 代主持职务，法号“镜如”，更将精力投入到亚洲探险事业。

在当时“英日同盟”的友好合作背景下，日本人前往英属殖民地印度考虑相对便利。现在综合考虑，无论从人员数量、学科构成上观察，大谷光瑞考察重心是放在印度。印度作为佛教起源地，也考虑到欧美学界对于印度研究的重视程度，都让印度无可厚非地成为其考察的主要目标。

随后数年里，大谷探险队足迹遍布古代亚洲佛教传播区域，在中国西北部、中亚、印度等地发掘、购买很多丝路文物，后分藏于中日韩三国，举办西域文物展览，出版考察报告。同时日本建筑界、美术界也掀起了“印度美术热”，一批学人奔赴印度考察，艺术家对阿旃陀石窟壁画进行临摹，带回第一手资料。这些学人找到了阿旃陀石窟壁画与日本最早木构法隆寺建筑的关联，成功地吸引了学界对于印度文化的关注。

这些探险事业，大谷光瑞也有比照欧美、复兴亚洲佛教文化的含义，印度和中国成为考察的重点，但由于缺乏专业考古知识，常被人诟病。1914 年大谷光瑞辞去门主位置，其主导的亚洲地区的集体探险事业骤停，但其并没有退隐历史舞台。大谷光瑞仍有一定话语权，一直积极以僧侣身份参与社会政治，参与到亚洲地区各个领域的农业、商业和宗教事业。大谷光瑞又先后 4 次前往印度考察，并在 1942 年出版《印度地志》一书，完成了对印度的地理学写作。

这些探险与考察也是大谷思想的一部分，大谷光瑞人生后期陆续在亚洲各地区修建的本愿寺分支寺院，也是其人生理念的一个转折点，见证着 20 世纪丝路汹涌探险的雄心愿望的最后归宿。

上海别院背后的日本文化圈

上海对于大谷光瑞有其特殊的人生意义。

大谷光瑞对于上海的重视，源于上海开埠以来形成的特殊国际化都市地位，大谷光瑞从青年到晚年，在上海渡过了很多重要时光，1894 年中日甲午战争后，来自日本的日侨不断涌进上海经商定居。但此时日本已经晚于欧美 50 多年进入上海，想获得位置较好的租界地也很困难，选定的虹口区也是在英美公共租界附近，其有限立地条件也决定其整体的建筑形态。1906 年西本愿寺就在上海设立出差办公点，1922年大谷就在上海兴建个人住宅“无忧园”，供其旅居使用。准备兴建上海别院时，上海已成为本愿寺中国传教的中心。大谷光瑞早期参与中国政治，1907年带领本愿寺奔赴汉口传教、辛亥革命成功后，大谷将重心移回上海。后期在台湾和东亚传播其商业和农业“兴亚”思想，其“兴亚计划”布局中的重要一环跳板都是在上海，上海西本愿寺的兴建，也是其组织活动的新舞台。

这座本愿寺，也是目前上海现存日本寺院和印度石窟建筑结合的唯一案例。这一建筑既混合日本明治初期的“和洋折衷”建筑样式，也“意外”插入一种印度风格，这两种移植过来的建筑元素在上海扎根落地。这些完全不同于中国和日本的建筑风格，之前也未在其他地区出现，为何会出现这种奇特的装饰呢？

这种“印度风”建筑，当时作为日本僧侣传教和修行的住所，也成为大谷及其追随者的思想阵地和交游场所，这也与大谷光瑞和建筑师的个性志趣相关。

据现存记载上海别院修建经纬的《满洲建筑协会杂志》（第11卷第6号，1931年）载，上海本愿寺建筑设计师为冈野重久（1890—1954）。冈野1911年毕业于东京高等工业学校（现东京工业大学），大学毕业后应聘到伪满洲铁路局工作，之后到上海在欧美建筑事务所工作。1921年冈野看到上海也成为外国建筑师的实验场，于是创立自己的建筑工作室，做了很多日系项目。冈野擅长修建钢筋混凝土的学校建筑，满足大量日侨子女的上学需要，并且当时日本关东大震灾的危机意识下，结构牢固、紧凑实用型建筑在上海日租界很流行。40岁的冈野在当时上海建筑界已经颇具有发言权，其谨慎节约的特质一直是日本客户青睐的对象。冈野在设计修筑西本愿寺上海别院前，已经在上海修筑多所中小学校、工厂建筑，拥有一定名气。

为上海别院供应建筑材料的是淡海洋行，其创始人太田常治出身草根，1905年来华独立创业。太田依靠其商业头脑和热情服务，到1935年已经拥有150位雇佣工人的公司，并且也成为上海唯一的日系石材加工工厂，代理很多日本大型会社的驻中国大理石贸易，成为上海建筑市场中举足轻重的供应商。上海本愿寺所选取石料来自福州产花岗岩，雕刻师为日籍工艺师渡边素川，上海别院整体的大理石装饰整洁素雅的色调也是当时流行的新装饰主义思想。现存墙面上装饰有10块禽鸟浮雕和21朵莲花浮雕形态各异，保存清晰完好。在券面顶处一座蹲狮雕刻，是根据印度阿育王石柱雕刻；再往下的白色墙面中央原有5只白象，两两而对，左右最两侧椭圆状龛内原镶嵌有佛陀浮雕，分别为结跏趺坐思维和说法姿态，但后期这些浮雕被拆除，现已不存。北面的小型拱券门为入口，其门券浮雕也做成佛龛样式，礼堂的内部柱列装饰也是采用的阿旃陀石窟柱式，这些雕刻都是手工雕刻完成。

负责建筑施工的是来自伪满铁大连的岛津工作室，当地配合施工的是陈信记营造厂。岛津工作室的岛津礼作和冈野重久都是伪满洲建筑协会（1920年11月成立）会员，岛津礼作也是大谷光瑞旧交，先后协助大谷光瑞在旅顺别院、上海无忧园、关东别院等地区建筑，这些无疑都是工程安全快速推进的保障。本堂和会馆本体建筑都是采用钢筋混凝土建造，内铺设木地板。会馆内还设有小型会议室、起居室、卫生间，水电齐全，满足僧侣居住和会客使用，这些都是现代化生活方式。现在本堂用作娱乐演艺场所，会馆被改造成民用住宅，牢固的建筑仍在发挥效用。

上海别院修建完工后，建筑面积407平方米，整体建筑布局坐西向东，尤其是沿街礼堂的巨大拱形莲花瓣券面如火焰，建筑平面极具张力。

艺术总是先于时代变化而变化。大谷光瑞在上海这个“世界之都”内建立印度样式的寺院，这既与之前所流行的移植欧美建筑风格完全不同，也与日本建筑师在伪满洲国推行的“帝冠式”大屋顶建筑不同，在建筑史上无疑是特殊的。上海别院外壁装饰中仿造阿旃陀石窟建筑、佛教造像和纹样，的确与佛教《阿弥陀经》思想

日本东京筑地本愿寺，建筑设计：伊东忠太、生田诚

有一定关联，这些结合佛经思想和印度式佛教建筑在过去未曾出现，印度风格建筑一定程度上显示了大谷光瑞不同的文化取向和“借古喻今”的思考方式。

从上海到东京的新亚洲文化理念

同时期在亚洲，紧随上海别院还有一座重要的寺院在日本东京完工。由近代建筑史学家伊东忠太（1867—1954）设计，在1931—1934年修建落成的别具一格的筑地本愿寺本堂。筑地本愿寺（原建于1617年）在1923年9月关东大震灾中被烧毁，后在大谷光瑞和伊东忠太主持下进行重建。新西本愿寺内部安全是钢筋混凝土，建筑外观采用了印度佛教美术的一些符号，建筑样式更接近于印度尼西亚的婆罗浮屠（Borobudur）佛寺建筑，显示该建筑蕴含的大乘佛教的寓意。新的建筑样式也成为时代复兴精神的象征，竣工时也宣告因大震灾而成立的“帝都复兴委员会”完成使命，东京陷入持续多日的庆祝活动中，人们走出了大震灾阴影。根据长谷川尚人的建筑史研究不难发现，伊东忠太这一建筑设计既满足大谷光瑞师对新印度建筑风格设想，又将大谷光瑞对东南亚印度尼西亚的考察研究结合起来，也是一座体现着个人意志和佛教理想的建筑。

伊东忠太和大谷光瑞有着相同的印度考察经历，也是抱有同样“泛亚洲主义”认识。1902年4月伊东忠太在中国贵州考察时，遇到大谷探险队队员，在相互了解理念后，伊东忠太正式开始与大谷光瑞的合作，先后主持修建神户二乐庄、京都西本愿寺东传道院和东京筑地本愿寺，还有一些未能完成的项目。伊东亲自考察印度地区石窟和佛教寺院后，尤其推崇古代佛教石窟寺院的精舍（Vihara）独特的象征意义，伊东忠太主张日本宗教建筑源流应该追溯到印度，故在后期建筑设计中多借用印度寺庙风格，这些作品既包括一些宗教建筑，也包含有一些名人陵园。

大谷光瑞同样认为过去日本式传统木构佛寺使用不便，也不同于日本神社，佛教本就属于外来文化，没必要墨守成规、保持旧式样不变。从上海别院到东京筑地本愿寺，借用的建筑元素从印度阿旃陀石窟到印尼的婆罗浮屠寺院，这两座寺院纪念碑性建筑风格类似、遥相呼应，基本上可以看出是印度文化圈风格的延续。

从丝路佛传道路的探险考察转向政教合一的宣传，大谷光瑞又一次以新的姿态出现，也彰显了其将国家前途和宗教未来结合在一起的幻想。大谷光瑞主导留下的这些印度建筑也成为中日境内的一种“异域特色”，这些建筑物和大谷收藏的外国文物一样，既是政治宣传的“广告牌”，也在一定程度上共同构筑了大谷光瑞思想个性的一种象征。

曾经《良友》遍天下

高芳芳

一

《良友》画报第四任主编马国亮在其回忆录《良友忆旧——一家画报与一个时代》中是这样开场的：

> 一九三六年十一月，美国的《生活》杂志创刊。他们吹嘘说："一九三六年以前……从来没有过一本大型的、以图片为主的、大众化而又便宜的刊物。"

《生活》的出版人若不是坐井观天，便是缺乏调查研究。事实上，早在他们自以为是大型综合性画报的创始者的前10年，即1926年，在太平洋的彼岸，已经有一本这样性质的大型画报出现。这个画报诞生在中国上海，其名为《良友》。

1926年2月15日，上海奥迪安电影院门口，来往行人从报童手中接过一份从未见过的刊物，封面上手持鲜花、笑靥迎人的美女便是后来红极一时的电影明星胡

《良友》第一期

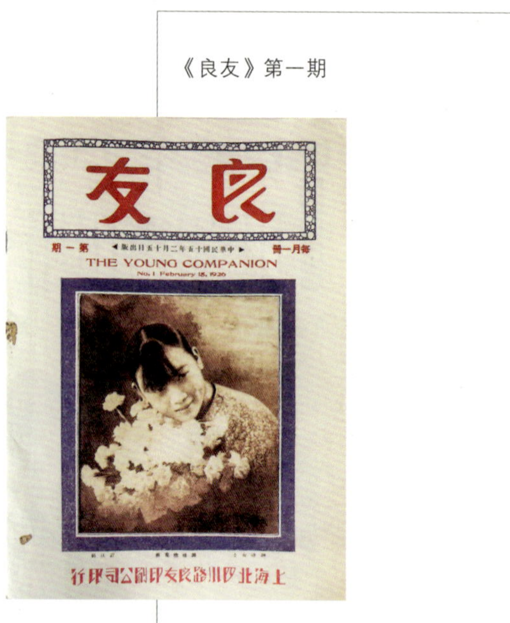

蝶。这本被誉为中国新闻史上办得最成功的、影响最大的、声誉最隆的画报，最初就是这样和读者见面的。

《良友》画报创刊号，9开本，道林纸铜版印刷，封面“胡蝶恋花图”。第一期虽粗糙难免，但内容丰富，形式大胆新颖，令人耳目一新，仅凭零售便销7000份，可谓一炮走红。封面上的刊名“良友”二字为画报创始人伍联德先生的手笔。

伍联德，广东台山县人。父亲伍礼芬，早年去美国当洗衣工人，后来开了一家洗衣店。伍联德从小由其伯父带大。其在岭南大学读预科时，因爱好美术，和同学陈炳洪合译了着重介绍西洋绘画理论的《新绘学》，卖给了上海商务印书馆，从此对出版事业产生了极大的兴趣。

毕业后，经岭南大学校长钟荣光介绍，伍联德进入当时上海最具规模的出版机构商务印书馆工作。3 年后，怀着满腔热情辞职创业，与他人合创 4 开单张儿童刊物《少年良友》，未获成功。

出师不利，让伍联德认识到，要做出版工作，必须要有自己的印刷所。所幸，他得到上海先施公司董事欧彬夫人谭惠然女士的赏识，将其丈夫生前位于北四川路鸿庆坊内的一个小印刷厂廉价盘给了伍联德。同时，在广州同学李伟才之父李自重（香港广东银行总经理）的介绍下，从广东银行上海分行获得贷款。李伟才与其父李自重、大名鼎鼎祖父李煜堂，后来都成为良友公司的股东。

1925 年 7 月，良友印刷所挂牌成立，伍联德从广东请来了自己的同学余汉生帮助经营。虽然印刷所经营得有声有色，然而鸿鹄之志，当意不在此。7 个月后，由伍联德亲自集稿编写、监督印刷的《良友》画报问世了。为了纪念曾经失败的《少年良友》，他将画报的英文名取名 *THE YOUNG COMPANION*。这一年，伍联德 26 岁。

《良友》画报一炮而红，并没有让伍联德自满于此。在亲自主编了第 1 期至第 4 期后，便邀请周瘦鹃担任画报主编，自己则腾出手来，一方面从事其他的刊物出版计划，另一方面则奔走筹集新的资金。

1926 年 11 月，伍联德南下，前往中国广东、中国香港、新加坡、吉隆坡等地集资，并推广开设发行所；次年 4 月，又前往美国集资。曾合译过《新绘学》的同学陈炳洪此时正在美国学习新闻学，在伍联德的劝说下，陈炳洪带着父亲的资金回国，入股良友公司并参加良友

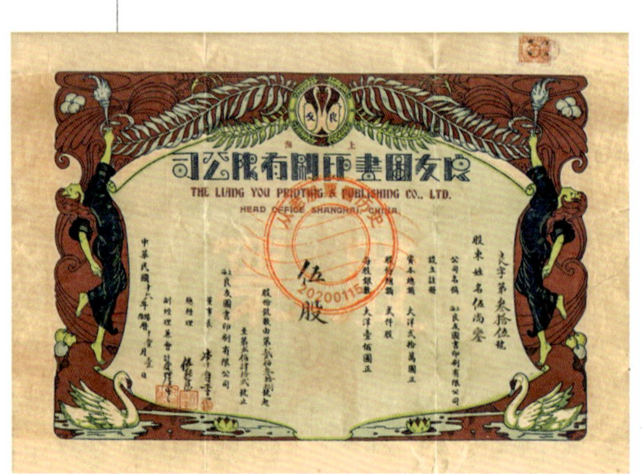
上海
良友圖書印刷有限公司
THE LIANG YOU PRINTING & PUBLISHING CO., LTD.
HEAD OFFICE SHANGHAI, CHINA
良字第叁拾伍號
股東姓名 伍尚謇
公司名稱 上海良友圖書印刷有限公司
設立註冊
資本總額 大洋貳拾萬圓正
股份總數 貳仟股
每股銀數 大洋壹佰圓正
伍股
上海良友圖書印刷有限公司
董事長
總經理
副經理兼會計
中華民國十六年

良友图书印刷有限公司民国十六年（1927年11月）发行的第一版股票，董事长李自重，总经理伍联德，副经理兼会计余汉生；印刷非常精美，“双鹅”商标由伍联德先生亲手绘制

公司的工作。

1927年7月15日，良友印刷公司改组为良友图书印刷有限公司，定资本总额20万元，分2000股，每股100元。

根据上海档案馆所藏潘序伦会计师事务所（后改名立信会计师事务所）档案记载，该事务所代理良友于1928年7月15日向全国注册局申请注册，并于9月29日才正式获批。这也是第一版的股票上设立注册时间为空的原因。

在提交的登记注册材料中，有一份《良友图书印刷有限公司股东名簿》，列示了最初的所有股东名单（个人

股东共58位），实际招股597股，共集资金59700元，绝大部分资金来自中国广州、中国香港和美国。

其中，最大的股东是黄保民（100股），他也是香港良友发行所的主持人。其余大股东有陈爵信陈炳洪父子（50股）、李源（50股）等，李自重李伟才父子虽然投资额并不大，但考虑李自重的背景及其在良友成立过程中所起的作用，被推选为董事长。

伍联德和余汉生的个人股份各为10股，仅为小股东。在没有估值、没有天使投资/风险投资、没有非现金入股、也没有认缴制度的年代，创始人刚出场就被沦为打工仔，这确是非常令人唏嘘的事实，以至于后来伍联德失去对良友的控制权，被迫出走。

不过每个时代有每个时代的价值观，因而也有每个

上海良友圖書印刷有限公司
The Liang You Printing & Publishing Co., Ltd.
SHANGHAI, CHINA.

良字第柒伍零號
股東姓名　甄佩如
公司名稱　上海良友圖書印刷有限公司
核准註冊　第弍弍捌號
資本總額　大洋弍拾萬圓正
股份總額　弍仟股
每股銀數　大洋壹佰圓正
壹股
股份號數　由第壹肆叁肆號起至第　號止
上海良友圖書印刷有限公司
董事長　陳爵信
總經理　伍聯德
經理兼會計　余漢生
中華民國念弍年拾月叁日

上海良友图书印刷有限公司民国二十二年（1933年）发行的股票，总股本不变，仍然是20万元，持续认购中，该股票为1股，股份号数为1434号，说明此时良友总股本已筹集至143400元。董事长此时已换成陈爵信。股票设计印刷同样精美

时代的商业规则。

从上图第一张股票1927年到第二张股票1933年，整整6年时间，区区20万元的总股本，筹集不足3/4。事实上，从良友图书印刷有限公司1935年的年报来看，截至1935年底，总实缴股本也仅为146300元。

而这一段时期，却正是《良友》画报名声大噪、良友公司其他各类刊物百花齐放的黄金时期，为什么不受资本的青睐呢？其实这也正说明了资本的本质：逐利和风险厌恶。首先，出版业并不是一个暴利的行业。其次，良友完全是单打独斗的私营公司。

二

《良友》，究竟是怎样一本画报？

它图文并茂，包罗万象，它印刷精美，编排精心，它时尚浪漫，真实美好，它开创了视觉性期刊的新时代。

漂亮的封面女郎一期期款款走来，带来的绝不是附庸风雅，也不是千篇一律，《良友》内容包罗万象，从时事、军事、政治到美术、摄影、文学、艺术，可谓是百科式大画报。

有人这样评价《良友》画报：学者专家不觉得浅薄，村夫妇孺不嫌其高深，老少咸宜，雅俗共赏。它在官方和民间、政治与文化、高雅与流行、文字与图片之间找到了巧妙的契合点。

这样的《良友》逐渐成为整个上海、中国乃至世界华人界最受欢迎和最具影响力的画报，全球发行量达4万余册，遍及近30个国家与地区，真正做到了良友读者

民国《良友》画报封面集锦。在民国时期出版的共 172 期《良友》中，以摩登女郎为封面的达 161 期，明星名媛轮番登场。既然是一本视觉性期刊，那么女性视角便是最好的切入点，这是即便现代的各类时尚杂志仍然一直沿用的封面套路

HOME NEWS
世界展望
WORLD HEADLINES
好萊塢的消息
NEW FILMS FROM HOLLYWOOD
戲劇電影
STAGE AND SCREEN
攝影美
科學的眼睛 EYES OF SCIENCE
鐵肺人

《良友》内页

遍天下。

一本杂志的伟大，取决于其内容，取决于其受众的喜爱程度，归根结底取决于它的灵魂人物——主编。

伍联德（1900—1972），《良友》创始人和总经理，主编《良友》画报第1—4期（1926年2—5月），奠定了画报的形式、风格以及编辑宗旨。此后专注于良友出版物的拓展和延伸，如主持了《良友》画报的特刊《孙中山先生纪念特刊》《北伐画史》等，先后推出了其他专业期刊如《艺术界》《现代妇女》《银星》《体育世界》等。

周瘦鹃（1895—1968），主编《良友》画报第5—12期（1926年6月—1927年1月）。周瘦鹃为当时著名的“鸳鸯蝴蝶派”作家，对小说类文字类比较擅长，但对于伍联德要办的理想中的新型画报，并不了解，也不擅长，后因事务繁忙退出良友公司。

梁得所（1905—1938），主编《良友》画报第13—79期（1927年2月—1933年8月）。梁得所虽为籍籍无名之辈，却深得伍联德赏识，22岁便成为《良友》主编。他锐意进取，大胆革新，将画报形象从消遣无聊改变成增广见闻、启发心智、丰富常识、开拓生活视野的刊物，奠定了《良友》画报的江湖地位。1932年，梁得所率领良友摄影旅行团一行四人，历时7个半月，游历大半个中国，共摄照片1万余张，后由良友整理出版大型画册《中华景象》（1934年2月出版）。因不甘寄人篱下，梁得所于1933年8月脱离良友公司另创《大众画报》，但因资金短缺仅一年多即停业。梁得所于1938年因病抱憾离世。

马国亮（1908—2002），主编《良友》画报第80—138期（1933年9月—1938年6月），其中1934年7—12

月，画报一度改为半月刊。1937年上海“八一三”事变后，《良友》停刊数月，后迁至香港继续出版。马国亮继承梁得所的编辑风格，大量引入文坛名家作品，公开对话政界人物，并紧跟时事，对抗日战事进行了宣传和报道。将《良友》画报推向了顶峰。不幸的是，因为阋墙之争，加上公司财务经营不当，良友公司不得不走上破产之路。

赵家璧（1908—1997），在大学期间就开始参与良友公司的出版工作，后任良友公司的出版部主任，主持出版了《中国新文学大系》等丛书，分别请鲁迅、胡适、郑振铎、茅盾、郁达夫、朱自清、洪深等名家担任编选，该丛书堪称中国文学史上一个里程碑。良友公司申请破产后，赵家璧和几位老良友人筹措资金，通过法律手续，接管了原良友公司的产业，重组“良友复兴图书印刷股份有限公司”，复刊了《良友》画报。

张沅恒（1908—1994），主编复刊后的《良友》画报第139—171期（1939年2月—1941年9月）。孤岛时期《良友》画报的风格以宣传抗日为主，充溢着国破家亡情绪。1941年12月，太平洋战争爆发，《良友》画报被日军以宣传抗日的罪名查封。赵家璧和张沅恒带着良友的招牌辗转桂林、重庆，终因条件缺乏而无法复刊。

张沅吉（1909—1986），直到1945年抗战胜利，张沅恒的弟弟张沅吉以《良友》名义衔接以前的期数，出版了《良友》画报第172期（1945年10月），便无后继。1946年，因股东内讧，良友复兴图书印刷股份有限公司宣告停业。

正是以上这几位刚刚毕业20岁出头（周瘦鹃除外）的年轻人，他们没有傲人的家世背景，没有雄厚的资本，却用自己的才情和热血，谱写了《良友》画报20年的精彩和光华。

马国亮说他在《良友》画报工作10年，有两件最为难过和痛心的事：一是梁得所的去职，其次就是内部分裂导致《良友》画报停刊。

1939年，当良友公司陷入经济困境破产时，赵家璧不甘心，他联合老良友人，为资金奔走，为法律手续奔走，复兴了良友公司，复刊了《良友》画报。

良友復興圖書印刷股份有限公司

普通股票

股券友字第叁拾號

國民政府經濟部核准登記 中華民國廿九年二月 日

登記執照設字第二一五號

本公司

股份總數貳仟股

每股金額國幣貳拾元

優先股額國幣肆仟玖百捌拾元

普通股額國幣肆萬伍仟零貳拾元

董事長

董事

中華民國念玖年柒月壹日填發

良友复兴图书印刷股份有限公司民国二十九年（1940年）发行的股票。该公司于1939年由赵家璧联合陈炳洪、张沅恒、孙汝梅等几位老良友人，并请到了当时上海大律师袁仰安投资入股，重新筹措资金重组成立，初始股本4万元，分2000股，每股20元，由袁仰安出任董事长。该股票于民国二十九年（1940年）核准登记后签发。有趣的是，股票分为优先股4980元和普通股45020元，这其中的缘由值得推敲

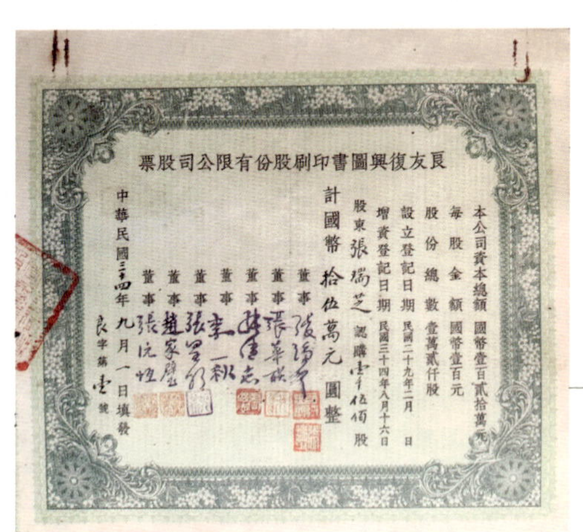
良友復興圖書印刷股份有限公司股票

本公司資本總額 國幣壹百貳拾萬元
每股金額 國幣壹百元
股份總數 壹萬貳仟股
設立登記日期 民國二十九年二月 日
增資登記日期 民國三十四年八月十六日
股東 張瑞芝 認購壹千伍佰股
計國幣拾伍萬元圓整
董事
董事
董事
董事
董事
董事 趙家璧
董事
中華民國三十四年九月一日填發
良字第壹號

良友复兴图书印刷股份有限公司民国三十四年（1945年）发行的股票（第一号）。民国三十四年（1945年），公司资本总额增至120万元，分12000股，每股100元。图为公司增资后所发行的股票。1946年，公司因为再一次股东内讧而宣告停业，从良友复兴的两张股票董事进行大批更换中可见一斑

而当早先被股东排挤出局的创始人伍联德得知良友公司复兴的消息后，对赵家璧说：我自己已经无能为力了，良友公司的事业只要你们能继续把它办下去，就是好！

虽然外在时局动荡不安，内在股权纷争不断，但唯有他们对《良友》画报的这份纯粹的挚爱和坚守，才造就了中国画报史上的这份传奇。这大概就是对“良友”画报，对“young companion”的另一种最好的诠释吧。

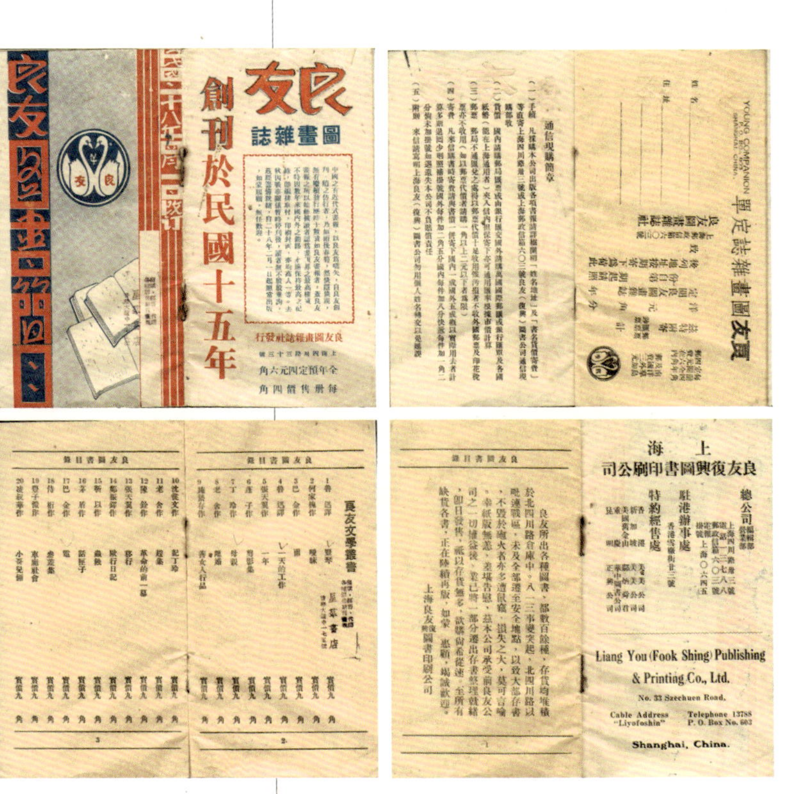

《良友》民国二十八年（1939年）4月图书简目及订购单。重组后的良友复兴公司依旧延用了伍联德当年的手笔："良友"美术字和"双鹅"商标。除了《良友》画报，良友所出各类图书数百余种，因"八一三"事变突起，存于北四川路仓库的存货遭致大量毁坏，损失巨大。复兴后的良友公司承接了原良友的所有资产，继续经营

三

曾经叱咤风云的《良友》画报，是否为公司带来了丰厚的利润？

作为主编，马国亮是个纯粹的文化人，即使后来创始人伍联德被迫出走，甚至良友公司破产，他都不清楚到底发生了什么。

其实，所有的问题到最后都是经济问题。

在左边发息证书中，清晰地记录了官息发放从民国十六年（1927 年）开始并停格在了民国二十年（1931 年），而红利发放记录无。这基本上说明了公司的运营情

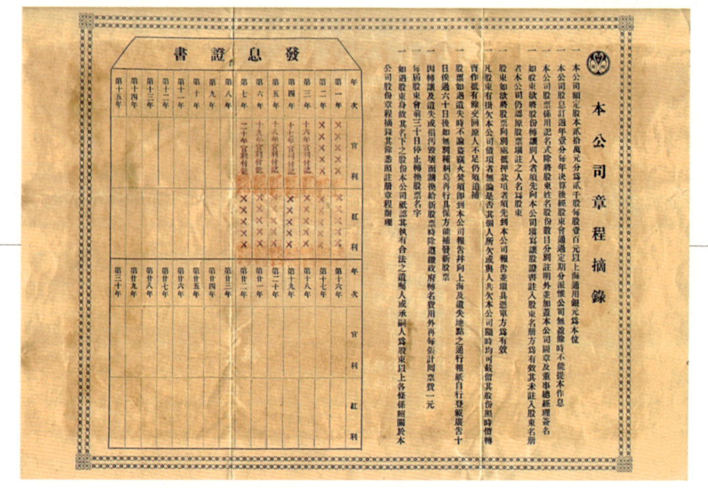

本公司章程摘錄

一 本公司額定股本貳拾萬元分爲貳千股每股壹百元以上海通用銀元爲本位
一 本公司股息訂週年壹分每年決算後經股東會通過定期分派惟公司無盈餘時不能提本作息
一 本公司股票係用記名式除將股東姓名股份數目分別註明外並加蓋本公司圖章及董事總經理簽名
一 如股東欲將股份轉讓別人者須先向本公司填寫讓股證書註入股東名冊方爲有效其未註入股東名冊者本公司仍認原股票填註之人名爲股東
一 股東如欲將股票向別處抵押款項者須先到本公司報告並塡具憑單方爲有效
一 凡股東有掛欠本公司債項者無論是否其個人所欠或與人共欠本公司隨時均可截留其股份照時價轉賣作抵有餘交回原人不足仍須追補
一 股票如遇遺失時不論盜竊火焚須即到本公司報告幷向上海及遺失地點之通行報紙自行登載廣告十日後過六十日後如無糾轕再行具保方能補發新股票
一 因轉讓及遺失或損污毀壞而請換給新股票時除遵繳政府轉名費用外再每張計開票費一元
一 每屆股東會前三十日停止轉換股票名字
一 如遇股東身故其名下之股份本公司祇認其執有合法之遺囑人或承嗣人爲股東以上各條係照關於本公司股份章程摘錄其餘悉照註冊章程辦理

發息證書

年次	官利	紅利	年次	官利	紅利
第一年	×××××	×××××	第十六年		
第二年	×××××	×××××	第十七年		
第三年	十六年官利付訖	×××××	第十八年		
第四年	十七年官利付訖	×××××	第十九年		
第五年	十八年官利付訖	×××××	第二十年		
第六年	十九年官利付訖	×××××	第廿一年		
第七年	二十年官利付訖	×××××	第廿二年		
第八年			第廿三年		
第九年			第廿四年		
第十年			第廿五年		
第十一年			第廿六年		
第十二年			第廿七年		
第十三年			第廿八年		
第十四年			第廿九年		
第十五年			第三十年		

在良友图书印刷股份公司第一版股票的背后，摘录了公司章程：本公司股息订壹分每年（即 10%），每年决算后经股东会通过定期分派，唯公司无盈余时不能提本作息

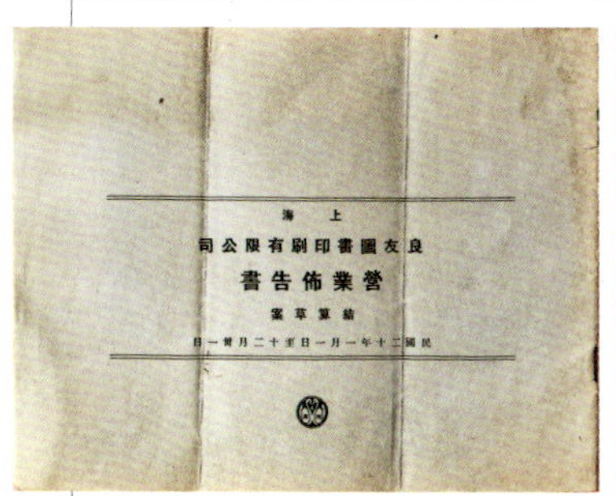

上海

良友圖書印刷有限公司

營業佈告書

結算草案

民國二十年一月一日至十二月卅一日

图 1

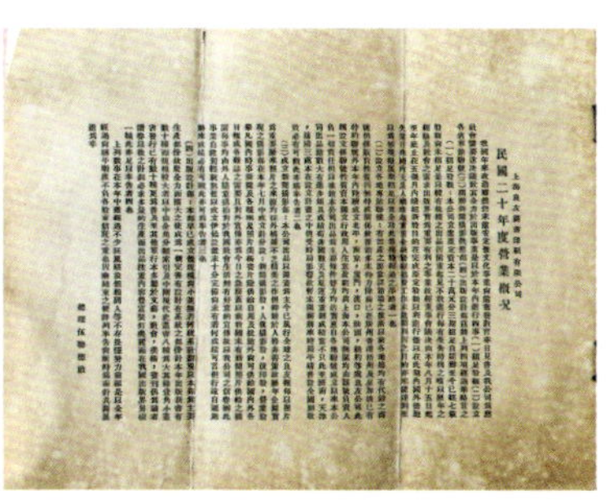

民國二十年度營業概況

图 2

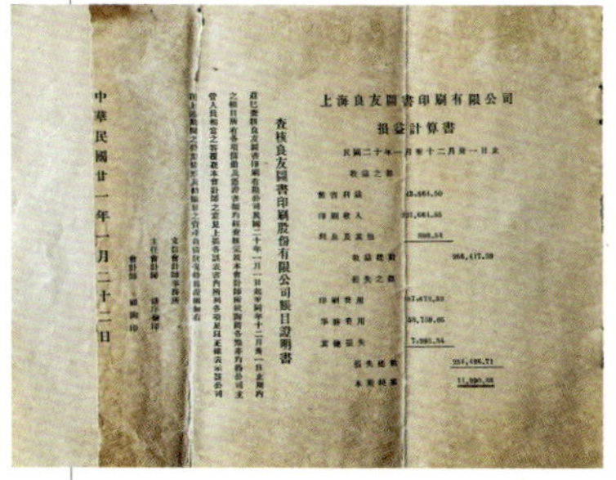

上海良友圖書印刷有限公司

損益計算書

查核良友圖書印刷股份有限公司賬目證明書

中華民國廿一年一月二十二日

图 3

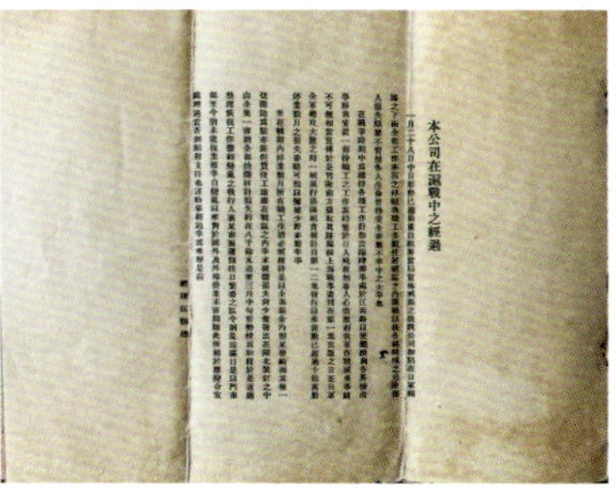

本公司在滬戰中之經過

图 4

图 1：良友图书印刷有限公司民国二十年（1931 年）营业布告书封页

图 2：总经理伍联德对 1931 年度的营业概况做了总结，该年度主要致力于四件事情：（一）招股，虽然公司成立已近七载，可是 20 万元的总资本额仍然难以招足，导致有规模之出品不敢进行。（二）设立各地专销联号，除了之前成立的广州、香港、梧州和新加坡外，当年成立了北平、南京、厦门、汉口，汕头和纽约等处。（三）（四）成立新闻摄影部和扩大出版设计部

图 3：1931 年度损益表，本期纯益 11990.88 元。假设以 10 万元的实收资本金计，收益率超过 12%

图 4：不幸的是，1932 年 1 月 28 日淞沪战争爆发，良友的工作受到严重影响。伍联德在营业布告书中特别做了说明：设临时办事处于江西路以便安排部分职工继续工作；冒险编辑沪战题材的《上海战事》画报畅销 10 余万册；虽在战期内停业数月，但所有职工全部薪金照足发给；尚在装订之中的《中山全集》一书全部烧毁，合计损失 8000 余元

上海
良友圖書印刷有限公司
營業佈告書
結算草案
民國二十五年一月一日至十二月三十一日

图 1

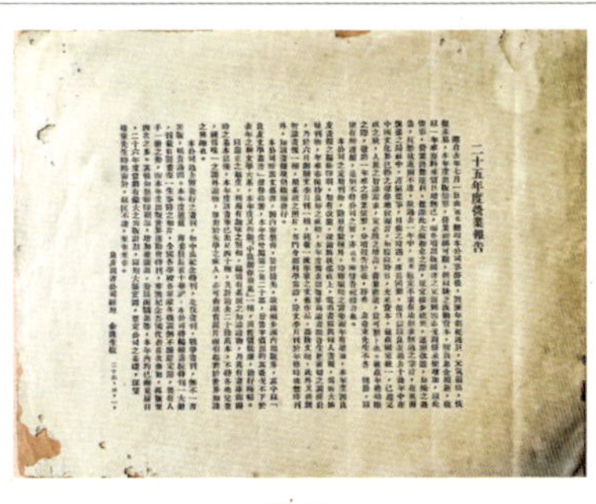
二十五年度營業報告

图 2

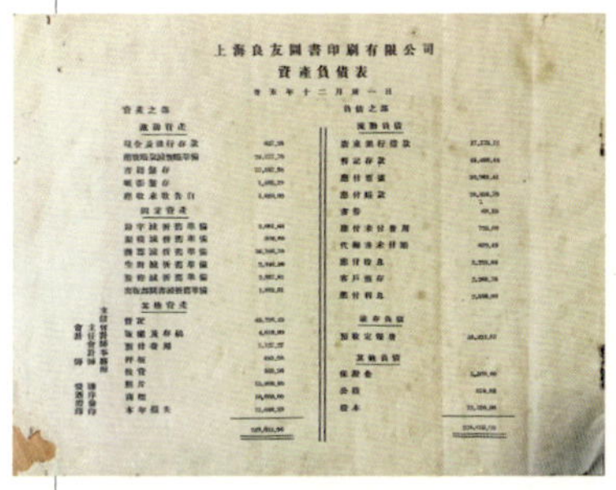
上海良友圖書印刷有限公司
資產負債表

图 3

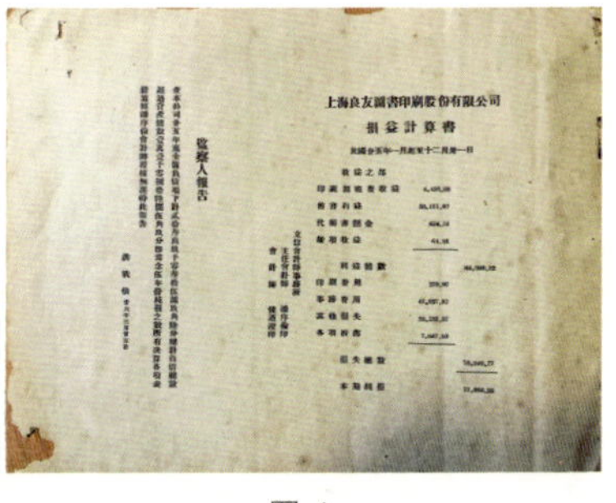
上海良友圖書印刷股份有限公司
損益計算書

監察人報告

图 4

图 1：良友图书印刷有限公司民国二十五年（1936 年）营业布告书封页
图 2：总经理余汉生对 1936 年度的营业概况做了总结：余汉生于 1936 年 7 月 1 日起代替伍联德担任良友总经理；公司过往历年亏损过巨，元气损伤，恢复未易；但各类画刊书籍均大受欢迎，行销通畅
图 3：1936 年度资产负债表。可惜没有具体明细表，但对比上海档案馆所藏的立信会计师事务所关于良友公司 1935 年度的审计报表，有几点值得推敲：1. 资产项下的暂记欠款达到 4.3 万元，根据 1935 年的报表，这个数为 3.8 万元，而其中伍联德的个人欠款为 2.5 万元，余汉生的个人欠款为 1.1 万元。2. 首次将库存照片进行了估值并资产化，并将良友的商标计提了商誉。3. 股本，1936 年度的股本金额为 73150 元，但事实上 1935 年的报表中实缴股本已经达 146300 元，差额只能理解为冲销了历年来的亏损 7 万余元。
图 4：1936 年度损益表。本年度亏损 11086.59 元。售书利益保持良好，事务费用较前几年度也有很好的控制，但是其他大额损失 2.5 万元，却不知为何，供有兴趣的人士继续研究。

况：1927—1931 年，公司处于盈利状态，资本回报率在 10% 之上，但无力发放红利，而 1932 年之后，很可能一直处于亏损状态。

大部分的史料认为，伍联德被股东排挤出良友公司，主要是因为经营不善，或指责他太会花钱，其实从这两份营业报告书，大致能窥知伍联德离开良友公司以及良友公司最后走向破产的原因。

第一，伍联德是一个有胆识、有魄力、有高远志向的人，他并不满足于《良友》画报的成功，他不断开拓或扩展新的出版版图，他成立自己的新闻摄影部，派遣梁得所率队游历全国实地采访和拍摄照片达 7 个多月，出版大型史诗级画册《中华景象》；他请来赵家璧编辑出版了《中国新文学大系》《良友文学业书》等系列丛书，至今都被认为是中国文学史上的一个里程碑。这一系列大动作都大大超出了一个私营资本所能承受之重。而这类专业书籍和《良友》画报这样的期刊不同，一开始需要大量的投入，却需要在较长的时期内体现经济利益和社会价值，所以短期内费用高企，出现亏损。

第二，关于个人的巨额借款，马国亮回忆说，伍联德的确太会花钱，但有时是属于仗义疏财一类，他性格开朗、乐于助人，对金钱从不斤斤计较，他是一个把事业看得比金钱更重要的人。在淞沪会战中，虽然停业数月，却全额发放职工薪金便是例证；

第三，从报表上看，良友公司的收入来源非常单一，主要是画报和书籍的售卖差价收入，虽然比较稳定，但毕竟是薄利之事业，现代媒体业收入主流之广告却很少，在现在看来，简直是对《良友》画报流量的极大浪费。

马国亮在《良友忆旧》中说：原因之一是当时工商界对利用传播媒介推销产品的认识远不如今日，其二是《良友》画报对广告的选择相当严格，不会因为广告而牺牲画报质量。

第四，时局动乱造成的影响和损失。

四

《良友》画报家喻户晓，读者们尚且惦念，它的创办人伍联德又岂能忘情。

1954 年伍联德在香港重新出版了《良友》画报。1967 年，时值《良友》画报创刊 40 周年，伍联德出版了大型画册《锦绣中华》，这是继 30 年代《中华景象》出版以来的又一本巨型画册，行销世界，大受欢迎。

1968 年，因“文革”浩劫，稿源中断，《良友》画报不得不再次停刊。伍联德于 1972 年病故。

1984 年，伍联德之子伍福强在香港再次复刊《良友》画报，并一直坚持出版至 21 世纪初。

赵家璧也是个怀旧之人，他费尽心机保存了一套完整的民国《良友》画报，并将之送往北京图书馆（今中国国家图书馆）收藏。1985 年，在他的全力推动下，上海图书公司重新影印了《良友》画报。之后香港和台湾都进行了重印。

如今，在新媒体潮流下，传统的纸媒正在纷纷退场，快餐式的互联网信息流取而代之。然而我们回看 90 多年前的《良友》画报，却发现它们依旧打动人心，也许只有印刷在纸上的图片和文字才显得更加专注和坚定，那种精神、那种文化、那种对真善美的追求，才能更近距离地被人感受到。

希望我们《良友》现在所抱着的普及教育、发扬文化的目标保持到底。不见异而思迁，不因难而思退；更不受任何势力的支配。取材严而均，言论公而直，持着我们的目标，忍耐、向前，努力实行，以求贯彻。

李叔同太安里旧居考

王维军

李叔同太安里旧居住址之发现，缘起于上海图书馆。2012年，笔者在上海图书馆查阅交通大学前身南洋公学的史料时，觅到《交通部上海工业专门学校原名南洋公学二十周年纪念》文集，仔细阅览，在“历年同学姓氏录”一章中发现记录有李叔同署名李欣的详细个人信息：“姓氏：李欣，字：俶同，籍贯：浙江平湖，职业：南京高等师范、浙江第一师范教员，通信处：上海海宁路太安里廿号。”这份同学姓氏录中，清晰地记录着李叔同当时在沪上的居址。而此纪念文集出版发行的时间是1917年，以此推测，1917年李叔同沪上居址是海宁路太安里廿号。

同学姓氏录中收录的李欣，是李叔同的别名。1916年12月25日至1917年1月10日，李叔同在杭州虎跑寺经历了一次影响他以后生命轨迹的特别体验——断食。在他断食第17天的1917年1月10日所记日志中有这样一段文字：“拟定今后更名欣，字俶同”，又在《断食日

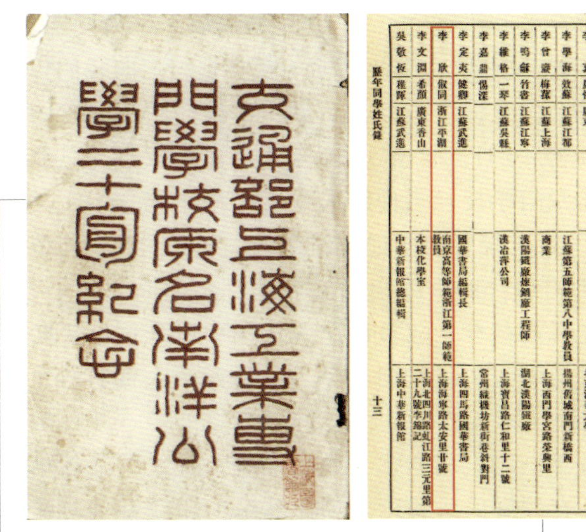

歷年同學姓氏錄

姓名	字	籍貫		職業	住址
李大椿	傳封	江蘇松江		南菁學校教員	江陰城內南菁學校後廿九號
李高涓	清夷	浙江象山		建昌輪船二等駕駛員	建昌輪船
李佑儒	保民	江蘇崑山		崑山高小女子學校教員	崑山城內柴王衖七號
李大中	孟瓊	廣東			廣東梅縣松口碗街李璧祥號轉安守經堂李宅
李衷	慶恆	廣東			北京清華大學
李學海	效蘇	江蘇江都		江蘇第五師範第八中學教員	揚州舊城南門新橋西
李曾濂	梅蓀	江蘇上海		商業	上海西門學宮路榮興里
李鳴龢	竹書	江蘇江寧		漢陽鐵廠煉鋼廠工程師	湖北漢陽鐵廠
李維格	一琴	江蘇吳縣		漢冶萍公司	上海寶昌路仁和里十二號
李嘉鼎	惕深				常州緞機坊新街巷斜對門
李定夷	健卿	江蘇武進		國華書局編輯長	上海四馬路國華書局
李欣	俶同	浙江平湖		南京高等師範浙江第一師範教員	上海海寧路太安里廿號
李文淵	希顏	廣東香山		本校化學室	上海北四川路虬江路三元里第二十九號李鎔記
吳敬恆	稚暉	江蘇武進		中華新報館總編輯	上海中華新報館

十三

南洋公学二十周年纪念册上的李叔同住址

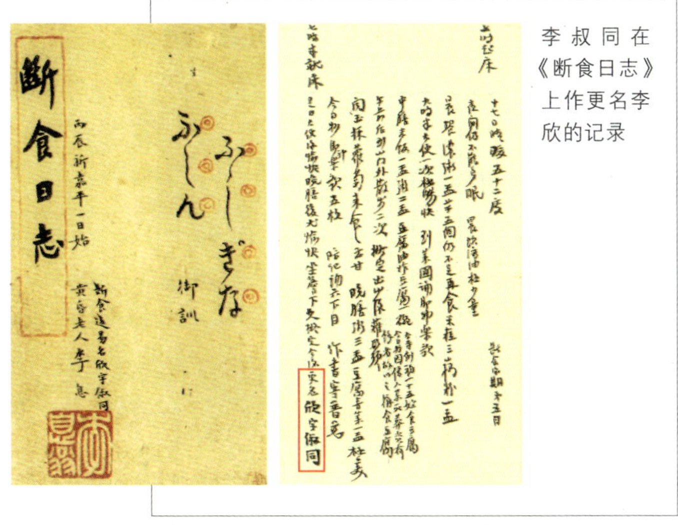

李叔同在《断食日志》上作更名李欣的记录

志》的封页上写下注文："断食后易名欣，字俶同"，落款"黄昏老人李息"。李叔同的《断食日志》向我们传递出这样一个信息，李叔同易名欣、字俶同的起始时间是1917年1月10日。这与1917年4月出版发行《交通部上海工业专门学校原名南洋公学二十周年纪念》文集之《历年同学姓氏录》中所记录的李欣、字俶同在时间节点上是彼此相吻合的。因李欣之名是李叔同断食后新取，当时知晓者尚甚少，故该同学姓氏录中所采信息想必是李叔同在向学校提供编辑同学名录所需个人资料时，提交了他刚启用不久的新名；故可以判定，同学录中的数据并非摘录于旧时，而是出自李叔同本人提供的最新信息资料，具有较高的可信度。如此算来，1917年4月出版《交通部上海工业专门学校原名南洋公学二十周年纪念》文集前，李叔同已居住海宁路太安里廿号了。

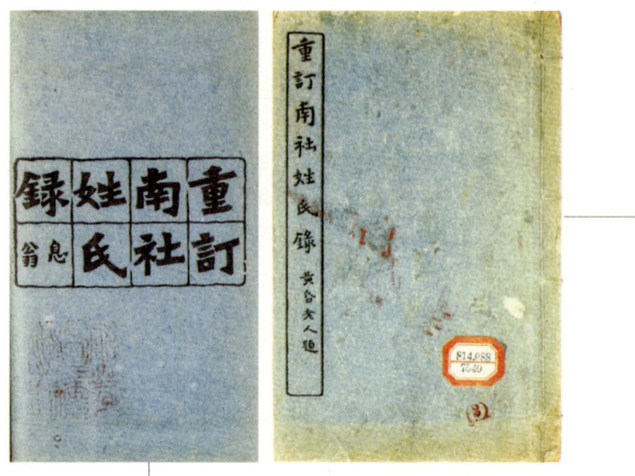

李叔同设计的《重订南社姓氏录》

那么，是否还有其他资料可以印证这样的判定呢？笔者在搜集李叔同与南社关系的资料时，查阅了浙江省图书馆古籍部所藏《重订南社姓氏录》，可以为此佐证。1912年2月11日，李叔同由朱少屏引荐，在上海加入了以民主革命启蒙思想宣传家、文学家为中坚，由爱国知识分子组成，以推翻清廷统治、振起国魂、弘扬国粹为主旨的资产阶级革命文化社团——南社，当时入社书的编号是211。按照《南社条例》规则：南社春秋两季各举雅集一次，主任每岁一选举。1916年9月24日，南社在上海愚园举行第15次雅集并改选南社主任，而24日恰值周日休假，李叔同由杭州返沪与日籍夫人团聚并赴南社雅集。而当时刚从浙一师毕业的吴梦非，经李叔同推荐正在杨白民的上海城东女学任教职，李叔同便带上他的旧日学生吴梦非一起参加了此次雅集，并介绍吴梦非加入了南社。出席此次雅集的社友有李叔同、吴梦非、柳亚子、叶楚伧、姚石子、姚锡钧、朱少屏、张传琨、邵力子、钱厚贻、张一鸣等共34人，柳亚子再次当选南社主任。由于会员迅速增加，且许多社友联系地址多有变动，会上决定重新编印社员通讯录，柳亚子便请参会的李叔同就通讯录重行装帧设计，李叔同继1912年5月为第三次修订的《南社通讯录》题字并设计图案之后，此次再度受命欣然应允，遂将原来通讯录的洋式装订改成中式装帧，选用蓝色封面，手工划黑色题签竖框，并以楷书题签："重订南社姓氏录"，署名"黄昏老人题"；翻过来的扉页上，也是李叔同手笔，划作四行八格，以魏碑体书写横额"重订南社姓氏录"，落款"息翁"，在形式上与南社以前编辑的三本通讯录和一本姓氏录都有不同。既为南社社友姓氏录，李叔同之相关信息必录其中，且此通讯录由李叔同亲自担纲装帧设计，其本人信息应该准确无误。该姓氏录共分上下两编，共计编入社员 825 人，编辑时间为 1916 年 11 月。李叔同的通讯信息被编排在第 10 页上，通讯栏内并列着两项信息，一是上海的地址“上海沈家湾海能路太安里廿号”，二是杭州的校址“杭州师范学校”；对照前面《交通部上海工业专门学校原名南洋公学二十周年纪念》册中所录通信处：“上海海宁路太安里廿号”，此处地址记载更为详细。不同的是，太安里廿号前的路名有“沈家湾”“海能路”不一样的表述。

围绕“沈家湾、海能路、海宁路、太安里”4 个关键词。笔者搜寻了众多老上海资料和旧地图，最后在虹口区老里坊弄名资料中找到了位于现在海南路 82 弄的太安里。据此线索，再查阅诸种史志，悉知海南路即清光绪时的海能路，又通过民国早期地图查到了位于海能路右侧的沈家湾，再按图索骥，在海能路南端附近找到了海宁路。按着当下太安里的地理位置，笔者比对民国早期的老地图，太安里所处位置应该是坐落在旧时海宁路之北侧，靠近当时的靶子路（今武进路），即东西向的靶子路与南北向的海能路相交之临近区域。从老地图上看，太安里南面不远便是中国第一家电影院——虹口活动影戏院。太安里的西面则离 1908 年建成的沪宁线上海火车站——老北站相距甚近。1916 年 12 月，沪宁铁路和沪杭铁路接轨，老北站又成为两线的总站，自此在北站不仅能去南京，且也能直接去杭州，而不必再到火车南站上车了，这给当时正在浙江省立第一师范学校和南京高等

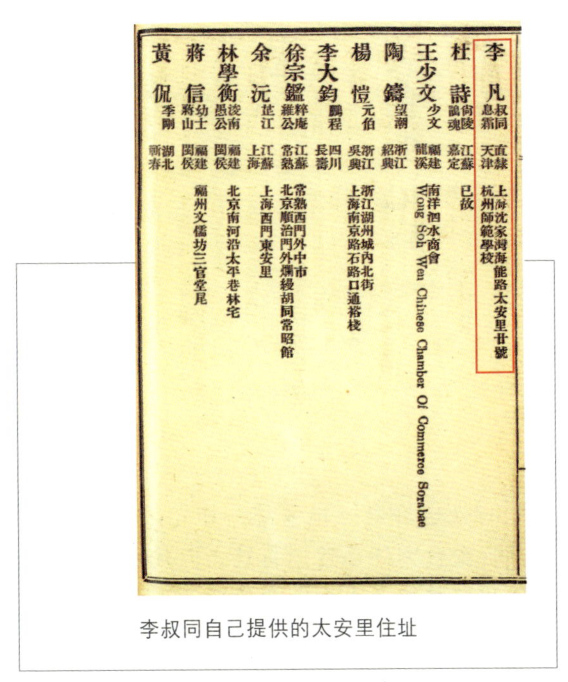

姓名	字号	籍贯	住址
李凡	叔同 息霜	直隸天津	上海沈家灣海能路太安里廿號 杭州師範學校
杜詩	尚陵 諷魂	江蘇嘉定	已故
王少文	少文	福建龍溪	南洋泗水商會 Wong Soh Wen Chinese Chamber Of Commerce Sorabae
陶鑄	望潮	浙江紹興	
楊愷	元伯	浙江吳興	浙江湖州城內北街 上海南京路石路口通裕棧
李大鈞	鵬程	四川長壽	
徐宗鑑	粹庵 維公	江蘇常熟	常熟西門外中市 北京順治門外爛縵胡同常昭館
余沅	芷江	江蘇上海	上海西門東安里
林學衡	淩南 愚公	福建閩侯	北京南河沿太平巷林宅
蔣信	幼士 蔣山	福建閩侯	福州文儒坊三官堂尾
黃侃	季剛	湖北蘄春	

李叔同自己提供的太安里住址

师范学校两地兼职的李叔同之出行杭沪宁，无疑带来了极大的方便，或许这也是促成他迁新居于太安里的动因之一吧。

我们若仔细阅读丰子恺于1926年8月4日在桐乡石门写的回忆文章《法味》，从中也可以发现李叔同对于海宁路环境熟识的一些细节描述：“步行到海宁路附近，弘一师要分途独归，我们要送他回到灵山寺，他坚辞说‘路我认识的，很熟，你们一定回去好了’。”可见，海宁路，对于李叔同是熟悉得很。

舌尖上的乡愁
——乍浦路美食街记略

黎　犁

时光也许会稀释乡愁，却无法磨灭味蕾的记忆。无论是资深食客还是普通百姓，但凡上了点岁数的上海人，对苏州河畔这条由南向北的狭长小路上曾经的并肩接踵、车水马龙一定都记忆犹新。

日暮降临，华灯初上，鳞次栉比的广告牌便竞相亮了起来。庞大而华丽的广告牌争奇斗艳，一个个从屋檐下探出头来，直至马路中央，远远望去，恍如悬浮于夜空中一片绚烂的灯海。置身于灯海之下，一派世俗的温情扑面而来，慢慢将人包围、浸润、温暖。烟火缥缈，月色正好，来往的汽车三三两两，路上的行人摩肩接踵。有的西装革履，有的赤脚拖鞋；有的被一群人簇拥着赶来过生日，有的三五好友成群众结队，一转身，不知踅进了哪家心仪的酒楼……

车如流水人头簇，珍馐美酒相映红。从一条并不知名的普通小马路，到“上海第一美食街”的繁华盛景，这条随处氤氲着人间烟火气、活色生香的乍浦路，曾经承载了多少难忘的故事啊！

捷足先登，做第一个吃螃蟹的人

先套用一句官话，那就是“乍浦路美食街是改革开放、社会主义市场经济发展的一个缩影”。各位看官想啊，在20世纪80年代之前的计划经济时代，有谁能吃了豹子胆私人做买卖开饭店呀，要没有党的十一届三中全会，没有改革开放，别说美食街，就算摆个小摊开个小店都无异于痴人说梦。

话说20世纪80年代初，一个名叫丁宝根的年轻人，随着知青返城的大潮，风尘仆仆从插队落户的内蒙古回到了家乡上海。家是回了，但生计问题接踵而至，工作难找啊！这么多的知青返城，就算政府再想方设法、绞尽脑汁，一下子也安排不过来呀。怎么办？吃饭要紧啊！眼看着党的十一届三中全会后，一些人开始做起了生意，丁宝根也动了心。也许是天遂人愿吧，恰在这时他家的住房动迁，分到了一套崭新的工房，咬咬牙，他将这套新工房调换到了乍浦路上的一间门面房。一无经验、二无资金的他翻箱倒柜东拼西凑了600元钱，开起了一家点心店，卖一些馄饨和面。凡事开头难，没钱置办像样的桌椅碗筷，就在服务上下功夫，要硬要烂要咸要淡顾客随意，各式调味品食客任意取。慢慢地，附近一些吃腻了食堂饭菜的职工为了换换口味，中午就到丁宝根的店里来就餐了。随着生意逐渐兴隆，手里有了一些资金的积累，尝到了甜头的丁宝根果断决定扩大门面，开设饭店。

那可是一张虹口区工商局颁发的001号营业执照啊！有了这张具有历史意义的执照，丁宝根仿佛吃下了一颗定心丸。1984年，乍浦路上第一家私营餐厅“丁香饭店”在阵阵爆竹声中隆重开张。再后来，丁香饭店越做越大，一直扩展到拥有三开间15个楼面，同时能容纳300余人就餐，总面积达600平方米左右的中型饭店。没有党的十一届三中全会，没有改革开放，就没有丁香饭店，就没有后来的乍浦路美食街，这话说得没错吧？

1995年9月，乍浦路美食街牌楼剪彩仪式
（虹口区档案馆藏）

店多成市，餐饮街初具规模

春风已入眼，扯帆正当时。丁宝根的成功，人们都看在眼里，居住在这条小马路上的人们都坐不住了，大家跃跃欲试，纷纷效仿，僻静的小马路开始脱胎换骨，草窝里的金凤凰即将展翅……

老三届的张志江、张玉珍夫妇同是插队落户回沪的知青，暂时没有找到合适工作的他们，当时在父母位于乍浦路上的“张鹤记”烟杂店里做点小生意。丁香饭店开张后，他们决定利用现有的铺面改行做餐饮。为了不输在起跑线上，夫妻俩四处奔波，到各种各样的大酒店去看人家是如何装潢和布置的。一圈兜下来发觉还是只有“螺蛳壳里做道场”这条路好走，于是就花大力气在优化就餐环境和营造美食气氛上下功夫。经过绞尽脑汁、精心设计，1985 年，“珠江酒家”的霓虹灯招牌在乍浦路上亮起，别致的灯光、典雅的环境一下子吸引了众多食客的眼球。夫妇俩不但懂得抓住机遇的重要，更深谙“店多成市”的经商之道，当左邻右舍纷纷效仿装潢饭店时，他们不但不嫉妒，反而帮着出点子给予指导。就这样，“蒙利酒楼”开张了，“王朝大酒店”开张了……忽如一夜春风来，千树万树梨花开，乍浦路上的餐饮店从 1989 年的 13 家、1991 年的 27 家、1992 年的 76 家，直到 1993 年拥有各类餐厅、酒楼共 108 家，总投资达 36000 万元，从业人员近 3000 人。

乍浦路上的餐饮酒店之所以能引来市民的青睐，除了店多成市的道理外，很重要的一点是敢于创新、不墨守成规。他们一改计划经济时代许多国营饭店规定用餐时间、菜肴一成不变、服务态度欠佳的做法，以 24 小时全天候服务、电话订座、代客叫车等灵活的经营方式，既有生猛海鲜，又有家常菜精烧等特色菜肴，很好地适应了不同层次顾客的需求。不断翻新的菜式、亲民的价格、灵活而人性化的服务，为这些民营饭店引来了八方来客。

夜幕降临，整条乍浦路上灯红酒绿，人头攒动，一些食客对各家饭店的招牌菜如数家珍，如“王朝大酒店”的牛肋排，“博世凯”的红烧肉，“丁香饭店”的大王蛇……一时间，去乍浦路上吃饭，在市民中成为了一种

夜晚的乍浦路美食街霓虹闪烁
（虹口区档案馆藏）

乍浦路美食街夜景
（虹口区档案馆藏）

时尚和体面的象征。

春风化雨，美食街遐迩闻名

说起来，先前并不知名的乍浦路能崛起成为闻名沪上的美食街，除了初期创业者的独具慧眼，也得益于它自身独特的地理优势。这条不足千米的马路南濒苏州河与乍浦路桥相接，过桥便是上海的商业重镇黄浦区，北边又与当时虹口区最闹猛的文化三角洲海宁路相连；东西边分别是虹口区最为著名的四川北路和吴淞路。改革开放后，作为上海第三商业街的四川北路寸土寸金，很快就被各种各样的鞋帽、服装和大大小小的百货商店所排满，惟独缺少一个可供逛街的顾客们休憩就餐的幽闲场所，而近在咫尺的乍浦路正好可以拾遗补缺。

东方风来满园春。1992 年邓小平南方讲话后，乍浦路美食街步入了高速发展期，也引起了有关部门各级领导的重视和关心。时任国家商业部部长胡平、全国工商联副主席叶宝珊、国家工商局局长刘敏学、原市委副秘书长兼市饭店协会会长张世珠等曾先后来乍浦路视察，有的还当场作诗题词。胡平题曰：美味总汇满街香，食在乍浦万家欢。张世珠题诗道：良辰美酒斗十千，各家风味尽时鲜，闻香停车乍浦路，忘却何时应归还。

为推进乍浦路美食街健康发展，虹口区政府更是不遗余力。随着乍浦路上餐饮企业越来越多，有关房产、价格、卫生、治安及交通、水电等矛盾和问题也愈发突出。经区政府协调，有关部门在乍浦路增加了变压器、改装了水管，途经乍浦路的公交 100 路和 19 路也改道行驶。1993 年 3 月，在区委、区政府的指导和支持下，乍浦路餐饮业协会成立；1994 年 7 月，成立了以副区长为组长的乍浦路美食街管理领导小组，以“管理、协调、服务、教育”为宗旨的乍浦路美食街管理办公室也同时成立。一系列“放水养鱼”的政策措施直接促进了乍浦路美食街的快速发展。

曾听闻，20 世纪 90 年代初，有海外游客乘国际航班飞临上海上空，夜幕中的城市地面上有一条“灯龙”分外显眼。客人问导游是怎么回事？导游答：“这就是我们上海有名的乍浦路美食街。”客人大喜道：“下飞机后就去乍浦路！”

留住记忆，留住舌尖上的乡愁

时迁星移。因抢得市场先机成为时代“宠儿”的乍浦路美食街，在 20 世纪 90 年代中后期开始逐渐“失宠”。一方面，随着城市开发建设的加速、餐饮业的升级换代，各种形式的美食市场“新宠”纷纷登台，30000 多家餐饮企业在申城遍地开花，各种菜系、各种经营特色争奇斗异，竞争激烈。另一方面，随着消费升级，人们的就餐观念发生了很大的变化。以前在乍浦路才能吃到的生猛海鲜，如今到处都有，就近用餐就成了人们最好的选择。同时，相比于专程去饭店吃饭，生活节奏越来越快的上海人似乎更青睐于边逛商场边找地方吃饭，吃完饭顺带着看电影、购物、休闲。

多种业态的融合，顺应了时代的发展，也成了餐饮业转型发展的方向，但乍浦路先天不足，不具备这种条件。供水、供电和排污设施大都是20世纪30年代的“手笔”，虽经多次改造，但远远跟不上时代发展需求。特别是交通，更是成了制约乍浦路升级换代的最大瓶颈。由于道路狭窄、房屋密集，无法建设停车场，让有车一族望而生畏。在夹缝中求存的乍浦路美食街步履维艰，昔日美食街的“光环”逐渐退去，只剩下“王朝”“珠江”等不多几家还有坚守。

俗话说“风水轮流转”，也许乍浦路发展的机遇依然存在。一些乍浦路上曾经的“龙头”饭店通过扩张版图，开设分店，博得了更大的发展空间。“金米箩”将老店迁到乍浦路与海宁路路口后，重装了店面，人气不输当年。一些导游依然喜欢带国外游客来乍浦路吃饭，因为要了解上海这座城市的“餐饮业发展史”，这里是不可替代的坐标。在原先美食街的核心路段，更是出现了另一种令人欣喜的景象。每当工作日的中午，不少的“外卖小哥”同时在里取餐、骑行，如潮的车流造就了互联网时代才有的奇观。对于乍浦路来说，这或许是一个新的机遇。

其实，不用为美食街的风光不再而惋惜。毕竟，乍浦路美食街的崛起，曾经点燃了上海民营餐饮业的“星星之火”，它以突破陈俗、不断革新的勇气和魄力，书写了勇立潮头、敢为天下先的传奇，而这不正是我们这个城市在改革开放、创新发展中所需要的勇气和精神？

留住记忆，留住舌尖上的乡愁。在每个被它滋养过的人记忆深处，乍浦路美食街永远霓虹璀璨，熠熠生辉。

1994年7月8日，乍浦路美食街酒楼展出各色点心（虹口区档案馆藏）

附作者名单（以拼音首字母为序）：

陈嘉仁　复旦大学哲学学院宗教学博士

陈祖恩　上海社科院历史所特约研究员

高芳芳　上海财经大学金融学硕士，曾供职于渣打银行（中国）等十余年，现为自由职业者

高　晞　复旦大学历史学系教授

何成钢　《交通银行上海市分行志》执行总纂

金光耀　复旦大学历史学系教授

黎　犁　本名冯金生，编著有《犹太难民在上海》《海派源流》《上海市志·人民政协分志》等

李　浩　上海鲁迅纪念馆研究员、研究室主任

李建华　曾在企业、机关长期从事文字工作，现为上海城市记忆空间研究院研究员，著有《海上旧闻录》

李天纲　复旦大学哲学学院宗教学系主任/教授，复旦大学中华文明国际研究中心副主任

陆其国　上海市档案馆研究人员，《档案春秋》原执行主编

邵佳德　南京大学哲学系宗教学系副教授

邵学成　敦煌研究院特聘研究员

王启元　复旦大学中华古籍保护研究院副研究员，虹口区档案馆副馆长（挂职）

王维军　平湖李叔同纪念馆研究馆员

姚民权　曾任景灵堂牧师

张曦文　复旦大学古籍所博士生

张一帆　北京大学文学博士，吉林大学文学院讲师

朱明川　澳大利亚国立大学亚太学院文化、历史与语言学系博士生

图书在版编目(CIP)数据

乍浦路/李天纲,王启元主编. —上海:上海人民出版社,2021
(爱上北外滩·关于虹口的记忆)
ISBN 978-7-208-17097-1

Ⅰ.①乍… Ⅱ.①李… ②王… Ⅲ.①虹口区-地方史 Ⅳ.①K295.13

中国版本图书馆 CIP 数据核字(2021)第 088107 号

责任编辑 曹怡波 丁 辰
封面设计 姜 明

爱上北外滩·关于虹口的记忆
乍浦路
李天纲 王启元 主编

出 版 上海人民出版社
(200001 上海福建中路 193 号)
发 行 上海人民出版社发行中心
印 刷 上海雅昌艺术印刷有限公司
开 本 890×1240 1/32
印 张 7.5
字 数 147,000
版 次 2021 年 8 月第 1 版
印 次 2021 年 8 月第 1 次印刷
ISBN 978-7-208-17097-1/K·3084
定 价 78.00 元